상속은
준비된 사람에게
유리합니다

상속은 준비된 사람에게 유리합니다

최창기 지음

세금을 줄이는 요령이 아니라,
제도를 이해하는 지혜가 필요한 때입니다

좋은땅

목차

머리말 상속세는 이제 중산층의 문제 … 008

상속은 더 이상 남의 이야기가 아니다 | 빠르게 확대되는 상속세 과세 범위 | 부동산 한 채만으로도 상속세가 부과되는 시대 | 중산층 가계의 현금 부족 | 상속 과정에서 나타난 세금 부담 | 자산가치 상승 vs 공제제도 | 상속세를 둘러싼 사회적 인식 변화 | 상속세를 둘러싼 제도적 개편 논의 | 준비되지 않은 상속이 가져오는 결과 | 상속세는 설계할 수 있는 세금이다 | 상속은 피할 수 없지만, 대비할 수 있다

1부 상속세 이론편

1장 · 상속세 기초 … 024

1. 상속세의 본질 … 025
2. 우리나라 상속세 … 027
3. 유산취득세: 「상증법」 개정안 내용 … 030
4. 상속세 납세의무 … 033
5. 상속인의 범위와 상속순위 … 036
6. 상속포기와 한정승인 제도란? … 040

2장 · 상속세 세액계산 … 044

1. 상속세 과세 체계 및 기본 원리 … 045
2. 상속공제 제도 … 053
3. 상속세율 … 070
4. 세대생략 할증과세 … 072

3 장 · 상속재산 및 비과세　　　077
1. 상속재산의 범위와 총상속재산가액　　078
2. 비과세 및 과세과액 불삽입 재산　　099
3. 공과금·장례비용·채무의 공제　　106
4. 사전증여재산의 가산　　115

4 장 · 세액공제 및 신고, 납부　　　121
1. 세액공제　　122
2. 가산세　　130
3. 신고기한 및 제출서류　　138
4. 상속세 납부　　141

5 장 · 상속재산의 평가　　　146
1. 상속재산 평가의 원칙과 방법　　147
2. 부동산의 평가　　157
3. 주식에 대한 평가　　163
4. 저당권 등이 설정된 재산의 평가　　172
5. 기타 재산의 평가　　176

2부 상속세 실전편

6장 · 상속재산, 무엇이 과세되고 어떻게 평가되나   184
1. 부동산 평가와 과세 방식   185
2. 예금·주식 등 금융자산의 평가와 과세 방식   191
3. 보험금과 퇴직금의 과세 방식   196
4. 신탁 재산의 귀속 및 과세 시기   203
5. 가상자산·기타 무형자산의 과세   209
6. 고가 동산의 과세 기준과 유의사항   215
7. 누락된 상속재산의 과세 방식   222
8. 사망 직전 인출 자산의 과세 방식   228
9. 뒤늦게 발견된 상속재산, 신고와 대응   233
10. 공동·타인 명의 자산의 실질 판단 기준   238
11. 해외자산의 누락 리스크와 과세 방식   243

7장 · 절세보다 중요한 '세무 리스크 관리'   248
1. 사전증여재산의 상속세 합산 규정과 그 영향   249
2. 가족 공동명의의 세법상 함정과 세무 리스크   255
3. 명의신탁에 대한 과세와 리스크 관리   262
4. 공제 요건 착오로 인한 상속세 세무 리스크   269
5. 채무공제가 부인되는 사례와 리스크 관리   276
6. 고평가된 감정가의 문제와 세무 리스크   283
7. 유류분 반환과 상속세 과세 기준의 불일치   295

8 장 · 상속 설계의 핵심 전략   301

1. 증여, 상속세를 줄이는 첫 단추   302
2. 기초공제의 전략적 활용   313
3. 배우자공제, 가장 강력한 공제   319
4. 채무/공과금/장례비용 공제 활용   324
5. 금융재산공제의 활용   329
6. 동거주택 상속공제의 활용   334
7. 유언을 활용한 상속세 최적화 설계   340
8. 생전 자산 정비로 상속세 리스크 줄이기   346

맺는말 유산취득세 시대 - 바뀌는 상속세 제도를 읽다   352

상속세율 개편 논의와 공제 확대 논의 | 일괄공제·배우자공제 구조 재편 움직임 | 공익법인 활용 관련 제도 정비 | 가업상속 요건 완화와 기업승계 활성화 | 해외 사례를 통한 제도 비교 및 시사점 | 조세 형평성과 부의 재분배 | 전문가 전망 및 납세자 준비 전략

머리말

상속세는
이제
중산층의 문제

상속은 더 이상 남의 이야기가 아니다

"상속의 시대"라는 말이 이제 현실이 되었다. 과거에는 상속이 부유층이나 기업 소유주만의 문제로 인식되었지만, 현재는 누구에게나 닥칠 수 있는 현실적 상황이며 사전에 대비해야 하는 중요한 과제로 바뀌었다.

초고령사회에 접어든 우리나라에서 인구의 중심축은 점차 노년세대로 옮겨가고 있고, 경제성장기 동안 자산을 축적한 세대들은 하나둘씩 상속의 주체가 되고 있다. 특히 베이비붐 세대가 고령화 국면에 접어들며, 역사상 유례없는 대규모 자산이전이 현실로 다가오고 있다.

이전과 달리, 이제는 가족 중 누군가가 사망했을 때 상속세를 피할 수 없는 상황이 더 많아졌다. 과거에는 상속세가 "부자들만 내는 세금"이라는 인식이 지배적이었다. 그러나 부동산 가격의 급등과 금융자산의 확대, 공제제도의 상대적 정체는 이러한 인식을 무너뜨리고 있다.

예를 들어, 수도권에서 평범하게 은퇴한 60대 부부가 자녀에게 주택과 예금을 물려줄 때, 과거라면 공제 한도 안에 들어 과세되지 않았지만, 이제는 사전설계 없이 상속세를 피하기 어려운 구조가 되었다. 상속은 모두에게 닥치는 일이고, 상속세는 그에 따르는 책임이다. 문제는 '준비가 되어 있는가'이다.

빠르게 확대되는 상속세 과세 범위

이러한 현실은 단순한 우려 수준이 아니라 통계적으로 입증되고 있다. 국세청 「국세통계월보」에 따르면 2023년 한 해 동안 상속세를 신고한 피상속인은 총 19,506명으로, 이는 불과 4년 전인 2019년의 9,555명 대비 두 배 이상 증가한 수치다. 같은 기간 총상속재산가액은 21.5조 원에서 56.5조 원으로, 상속세 납부세액은 3.2조 원에서 7.6조 원으로 폭증했다.

이러한 증가는 단순히 자산가가 많아졌다는 의미만은 아니다. 실제로 국세청은 2024년 보도자료에서 "상속세 납세자의 대다수는 부동산을 중심으로 재산을 보유한 은퇴세대이며, 이들은 대부분 중산층 수준의 자산구조를 갖고 있다"고 밝혔다.

즉, 상속세는 이제 자산의 절대 규모가 아니라 '어떤 자산을 가지고 있는가', '공제요건을 충족하는가', '사전에 준비했는가'에 따라 현실적인 납세 의무로 다가오고 있다는 점이 중요하다.

부동산 한 채만으로도 상속세가 부과되는 시대

이러한 변화 속에서 중산층이 상속세의 주요 부담 계층으로 떠오른 이유는 무엇일까? 가장 핵심적인 이유는 부동산 가격의 상승이다. 2024년 1분기 국토교통부 자료에 의하면 서울 아파트의 평균 실거래가는 약 11억 6천만 원에 달하며, 특히 강남 3구(강남·서초·송파)는 평균 거래가격이 15억 원을 초과한 것으로 나타났다. 해당 아파트들은 2000년대 초반만 하더라도 불과 3억 원에서 5억 원 정도의 가치에 머물렀다. 그런데 불과 20여 년 만에 부동산 가격은 3배 이상 올랐음에도 불구하고 상속세 공제제도는 그 기간 동안 거의 변화가 없었다.

상속세법상 기본적으로 적용되는 공제 항목을 모두 반영해도, 일반적인 가족이 받을 수 있는 공제 총액은 통상 5억~10억 원 내외에 불과하다. 그 결과, 시가 10억 원을 초과하는 아파트 한 채만 있어도 상속세 과세 대상에 포함될 수 있다.

  예컨대 수도권의 중형 아파트와 일부 금융자산, 보험금 등을 포함해 총 15억 원 규모의 상속재산이 발생하면, 각종 공제를 적용하더라도 과세표준은 수억 원에 이를 수 있다. 이 경우 상속세 부담은 수천만 원에서 1억 원을 초과할 수도 있다.

중산층 가계의 현금 부족

이러한 상황에서 또 다른 중요한 문제가 파생된다. 바로 '현금이 없다'는 것이다. 상속세는 과세 대상이 되는 자산의 가치와 별개로, 현금으로 납부해야 하는 세금이다. 하지만 은퇴 이후 세대가 보유한 재산의 상당 부분이 현금화가 어려운 부동산에 편중되어 있다는 점은 상속 과정에서 큰 부담 요인으로 작용한다.

  2023년 통계청 「가계금융복지조사」 자료에서는 60세 이상 고령 가구의 자산 가운데 부동산이 76.2%를 차지해 압도적인 비중을 보였고, 금융자산은 15.4%, 기타자산은 8.4% 수준에 머무른 것으로 나타났다. 이는 곧 상속 개시 시점에 상속인들이 상속받는 재산이 현금화에 시간이 걸리거나, 아예 현금이 거의 없는 형태로 존재한다는 의미다. 실제로 상속세 납세자의 약 70%는 세금 납부 재원 마련을 위해 부동산을 처분하거나 연부연납을 신청하고 있다.

  현금 여력이 부족한 중산층 가정은 상속세를 충당하기 위해 자산을 급매하는 경우가 많고, 이로 인해 시세보다 낮은 가격에 처분되는 사례도 빈번하다. 상속세 부담은 단순한 세금 문제를 넘어 자산 손실과 가족 갈등으로 이어질 수 있다.

상속 과정에서 나타난 세금 부담

경기도 용인시에 거주하던 B씨는 별다른 금융자산 없이 시가 약 11억 원 상당의 단독주택을 자녀에게 남기고 사망하였다. 자녀는 독신이었던 부모의 단독 상속인으로 지정되었으며, 별도의 공제 항목을 최대한 적용했음에도 불구하고 과세표준은 약 4억 원으로 계산되었다. 결과적으로 상속세로 약 2,800만 원을 납부하게 되었고, 이 금액을 마련하기 위해 해당 주택 일부를 담보로 금융기관에서 대출을 받는 상황에 놓이게 되었다.

문제는 이 가구에 유동성 자산이 전혀 없었다는 점이다. 결국 상속세를 충당하기 위해 이들은 보유 아파트를 팔 수밖에 없었고, 빠른 처분을 위해 시가보다 약 5천만 원 낮은 금액에 매매가 이루어졌다. 세금을 납부하기 위해 실질적 손실이 발생한 것이다.

이와 같은 상황은 실제로 자주 발생하는 상속 사례에 해당하며, 특히 은퇴 후 1주택만을 보유한 고령 가구에서는 상속세 부담이 현실화되면서 상속재산 분할, 주택 처분, 증여 시점 누락 등과 관련된 가족 간 갈등이 빈번하게 나타나고 있다.

자산가치 상승 vs 공제제도

자산가치가 지속적으로 상승해 온 반면, 공제 제도는 수십 년간 제자리걸음을 해 왔다는 점도 상속세 부담 확산의 주요 요인 중 하나다. 기초공제 2억 원은 2000년 이후 변동이 없으며, 배우자공제 역시 최대 30억 원까지 가능하다고는 하나 실제 적용에는 까다로운 요건이 따르고, 다른 인적공제들도 현재의 자산 수준을 반영하기에는 미흡한 실정이다.

한편, 같은 기간 자산가치는 가파르게 상승했다. 예를 들어, 2000년 당시 서울 아파트의 중위가격은 약 2억 원 수준이었으나, 2024년에 이르러서는 10억 원을 크게 상회하게 되었다. 자산가치가 5배로 뛰어오르는 동안에도 공제액은 거의 변하지 않아 실질적으로 제자리걸음을 한 것과 다름없다.

한국조세재정연구원은 최근 보고서에서 "현재의 상속세 공제 구조는 물가상승률, 자산가치 변동을 반영하지 못하고 있으며, 과세대상자 범위가 비자발적으로 확대되고 있다"고 평가했다.

이러한 불균형은 "세금 자체보다 더 부담스러운 세금"이라는 인식을 낳고 있으며, 국민들로 하여금 상속세에 대한 경각심과 거부감을 동시에 갖게 만들고 있다.

상속세를 둘러싼 사회적 인식 변화

상속세에 대한 인식도 빠르게 변화하고 있다. 국세청과 행정안전부가 공동으로 분석한 상속세 민원 통계에 따르면, 최근 5년간 상속세 관련 민원 건수는 연평균 12%씩 증가했으며, 문의 주체의 약 70%가중장년 은퇴가구인 것으로 나타났다.

이는 상속세가 더 이상 일부 자산가의 문제에 국한되지 않으며, 일반 국민들 역시 그 부담을 실질적으로 느끼고 있음을 보여주는 사례다. 최근 시민단체와 조세 전문가들 사이에서는 상속세에 대한 인식의 두 층위가 형성되고 있다.

첫째, "왜 내가 세금을 내야 하느냐"는 반발. 특히 부모 세대가 세금 납부를 통해 취득한 재산에 대해 다시 상속세를 내는 것은 이중과세라는 주장이다.

둘째, "상속세는 필요하지만 준비가 되지 않았다"는 불안, 제도 자체는 인정하지만 정보 부족, 절차 복잡성, 현금 부족 등으로 인해 상속세에 대한 두려움을 느낀다는 것이다.

이 두 가지 인식은 모두 중요한 시사점을 준다. 상속세를 납세자가 이해하고 준비할 수 있게 만드는 정보 제공과 제도 정비가 필요하다는 점이다.

상속세를 둘러싼 제도적 개편 논의

최근 정부는 상속세 과세체계를 기존의 유산세 방식에서 유산취득세 방식으로 전환하는 대규모 개편안을 2025년 3월에 발표하였다. 이에 따라 2028년부터는 새로운 유산취득세 체계가 시행될 예정이다.

유산세는 피상속인의 전체 유산을 기준으로 누진세율을 적용해 세금을 계산한 뒤 상속인에게 분배하는 형태였으나, 유산취득세는 각 상속인이 실제 취득한 몫을 기준으로 과세하는 제도다.

개편안에 따르면 직계비속은 1인당 5억 원, 배우자는 최대 10억 원까지 공제를 받을 수 있고, 납세의무도 공동책임이 아닌 각자 책임으로 바뀐다. 이는 조세 형평성과 응능부담 원칙을 강화하기 위한 조치로, 다자녀 가구의 세 부담 완화 효과가 클 것으로 예상된다.

정부는 제도 변경으로 인한 혼선을 최소화하기 위해 2년의 유예기간을 설정하고, 공제 항목과 신고 절차는 기존 체계를 크게 바꾸지 않는 방안을 추진하고 있다. 유산취득세로의 전환은 국민들로부터 긍정적인 평가를 받고 있지만, 세무행정의 복잡화와 세수 축소라는 과제가 여전히 해결 과제로 남아 있는 상황이다.

준비되지 않은 상속이 가져오는 결과

상속세는 그 자체보다 사전 준비 없이 맞이한 상속이 가족에게 훨씬 더 무거운 경제적 압박으로 작용한다.

가장 흔한 사례는 "상속 개시 후 6개월 이내 납부"라는 시간 제약 속에서 일어난다. 고인의 장례 절차가 마무리되기 전부터 상속재산을 조사하고, 평가 및 공제 항목을 확인하며, 필요한 서류를 정리해 신고 준비에 들어가야 한다. 만약 상속재산이 대부분 부동산으로 구성되어 있다면 현금화가 어려워지고, 상속인들 간의 분할 합의가 이뤄지지 않을 경우 심각한 갈등으로 이어질 수 있다.

이 과정에서 절세 전략을 수립할 여유는 거의 없다. 결국 집을 팔거나 대출을 받고, 배우자나 자녀 간 의견 차이가 커지고, 일부 상속인은 상속포기나 한정승인을 선택하게 된다.

이 모든 문제는 '상속 전 준비'가 있었다면 대부분 피할 수 있다. 하지만 현실에서는 "죽음을 예비하는 행위"라는 인식 때문에 상속설계가 미뤄지는 경우가 많다.

상속세는 설계할 수 있는 세금이다

상속세는 피할 수는 없지만, 미리 준비할 수 있는 세금이다. 이제는 회피보다 대비가 더 현명한 선택이라는 인식이 필요하다.

사전 설계에서는 우선 상속재산의 구성을 점검해야 한다. 부동산, 금융자산, 보험 등 자산의 평가액과 현금화 가능성을 확인하고, 납세 재원으로 활용 가능한 수단도 함께 고려한다.

공제 항목도 꼼꼼히 분석해야 한다. 기초공제, 배우자공제, 자녀공제 같은 인적공제뿐 아니라 금융재산 공제, 동거주택 공제 등도 요건에 맞게 적용할 수 있는지를 확인한다.

유언장을 통해 상속 지분을 조정하거나 상속인의 권리를 명확히 해 두는 것도 갈등 예방에 도움이 된다.

생전 증여는 시기를 분산해 가산 기간(상속인 10년, 비상속인 5년)에 유의해야 하며, 보험 가입이나 연부연납 제도는 유동성 확보를 위한 현실적인 대안이 될 수 있다.

특히 부동산 중심의 자산 구조를 가진 가정이라면 현금 납세에 어려움이 따를 수 있으므로, 사전에 이를 보완할 수 있는 대책 마련이 필수적이다.

상속은 피할 수 없지만, 대비할 수 있다

인생은 유한하다. 그리고 그 유한함은 어느 날 갑작스럽게 '상속'이라는 현실로 우리 앞에 다가온다. 상속세는 그 순간에 반드시 마주하게 되는 제도이며, 그때 어떤 선택을 하느냐에 따라 가족의 재정 상태와 감정적 관계가 달라질 수 있다. 문제는 상속세 자체가 아니라, 그에 대비했는지 여부다.

사전 준비가 부족한 상속은 세금 부담 때문에 재산을 매각해야 하는 상황을 만들고, 이로 인해 상속인들 사이에서 갈등이나 분쟁이 발생하는 경우도 많다. 더 나아가 사후에 세무조사나 가산세 등 추가적 문제로 확대되면, 상속은 기쁨이 아니라 고통이 된다. 반대로 미리 준비된 상속은 재산을 보호하고 세금 부담을 경감시키며, 가족 구성원 간의 신뢰를 강화하는 기회로 작용할 수 있다.

중요한 것은 상속세는 더 이상 '남의 일'이 아니라는 사실이다. 중산층조차 과세 대상이 되는 시대에, 상속세는 곧 '우리 가족의 문제'이고, 그 준비는 늦지 않게 시작해야 한다. 유언장 작성, 증여 계획, 재산 구조 점검 등 작지만 실천 가능한 대비가 미래의 큰 차이를 만든다. 상속세는 피하는 것이 아니라, 미리 설계하고 지혜롭게 대응해야 하는 세금이다. 지금이 바로 그 준비의 시작점이 될 수 있다.

1부
상속세 이론편

INHERITANCE
FAVORS THE
PREPARED

1 장

상속세 기초

1

상속세의 본질

상속세는 단순히 사람이 사망한 뒤에 부과되는 조세라기보다, 세대 간 자산 이전 전반에 작용하는 중요한 제도다. 상속세는 재산의 무상이전에 대해 과세하는 대표적인 조세제도로서, 자산의 대물림에 따라 발생하는 경제력 이전에 대해 국가가 일정한 책임을 부과하는 것이다. 즉, 상속세는 피상속인의 재산이 상속인에게 대가 없이 넘어가는 무상취득에 대해 부과되는 세금으로 볼 수 있다. 국가는 상속을 일종의 소득으로 보고 과세하며, 상속세는 이러한 관점에서 부담 능력이 있다고 판단되는 사람에게 부과되는 소득세적 성격을 띤 재산세다.

그러나 상속세는 단순히 재정수입을 위한 세금에 그치지 않는다. 그 본질은 부의 세습을 완화하고 사회 전체의 자산 편중을 조정하는 조세 정책적 장치에 있다. 자유시장경제는 자산의 축적을 장려하지만, 세대를 거치며 반복적으로 이어지는 과도한 부의 대물림은 사회구성원 간 형평을 저해하고 계층 간 이동의 기회를 제한할 수 있다. 상속세는 이러한 시장경제의 한계를 보완하고, 일정 부분 자산의 재분배 기능을 수행한다.

헌법재판소도 2000년 판례에서 "상속세 제도는 시장경제질서에서 나타날 수 있는 경제력의 과도한 집중을 완화하고, 이를 통해 사회정의 실현에 기여하는 제도로 볼 수 있다"고 판시한 바 있다. 이러한 측면에서 상속세는 '단순한 세금'이 아니라 사회정책적 의미를 내포한 제도로 이해되어야 한다.

현행「상속세및증여세법」(이하 '상증법') 제1조는 상속세의 목적을 "공정한 과세, 납세의무의 적정한 이행 확보 및 재정수입의 원활한 조달"에 있다고 명시하고 있다. 즉, 상속세는 단순한 재산이전의 결과에 그치지 않고, 국가의 재정 기반을 유지하고, 세대 간 불평등 구조를 완화하는 목적까지 포함하고 있는 제도인 것이다.

---

1 본서는「상속세및증여세법」을「상증법」또는 상속세법 등으로 혼용하고 있다.

2

우리나라 상속세

우리나라 상속세는 피상속인의 사망을 계기로, 그가 보유하던 재산이 유가족에게 무상으로 이전되는 경우에 과세되는 세금이다. 이러한 상속은 법적으로 하나의 '소득 있는 행위'로 간주되며, 그에 따라 과세가 이루어진다. 상속세는 피상속인의 모든 재산가액을 토대로 과세표준을 정한 후, 이에 누진세율을 적용해 최종 산출세액을 계산하는 방식으로 부과된다.

현행 「상증법」에서는 과세방식을 명시적으로 규정하고 있지 않지만, 대법원 판례와 과세 실무에서는 이를 유산세 방식으로 해석하고 적용하고 있다. 유산세 방식이란, 상속세를 피상속인의 유산 총액에 대해 일괄적으로 과세한 후, 각 상속인이 상속받는 비율에 따라 세액을 안분하는 구조이다. 즉, 상속인 각각이 아닌, 전체 유산을 기준으로 세액이 결정된다는 점에서 유산 중심의 과세체계다.

반면 유산취득세는 상속인이 실제로 취득한 재산 금액을 기준으로 세액을 계산하며, 이러한 점에서 소득세와 유사한 성격의 '수익세적' 과세 방식으로 볼 수 있다. 이 방식은 상속인 개개인의 부담 능력에 따라 세금이 부과되기 때문에, 조세평등 및 응능부담 원칙에 보다 부합하는 체계로 평가된다.

OECD 38개국 중 다수 국가는 이 유산취득세 방식을 채택하고 있으며, 대표적으로 독일, 프랑스, 일본 등이 이에 해당된다. 우리나라를 비롯해 미국, 영국, 덴마크 등은 여전히 유산세 제도를 채택하고 있는 몇 안 되는 국가들 중 하나다. 다만 우리나라는 최근 유산취득세 방식으로의 전환을 위한 입법 개편을 추진하고 있으며, 2028년부터 새로운 과세체계를 시행할 계획이다.

한편, 상속세의 실질 부담 수준은 제도상의 세율만으로는 판단하기 어렵다. OECD 국가들의 평균 실효세율은 1~2% 수준에 불과하지만, 우리나라의 경우 높은 명목세율(최고 50%)과 상대적으로 낮은 공제한도, 과세구간 누진 구조 등으로 인해 실효세 부담이 체감상 크게 다가오는 구조다. 특히 부동산 자산의 비중이 높은 가계에서는 세금을 마련할 유동자산이 부족한 경우가 많아 체감 세부담은 더욱 커진다.

또한, OECD 국가 중 약 10여 개국은 상속세를 완전히 폐지했다. 체코, 오스트리아, 스웨덴, 호주, 뉴질랜드, 노르웨이, 이스라엘, 멕시코, 슬로바키아, 포르투갈 등이 이러한 국가들의 대표적인 사례로 꼽힌다. 이들 국가는 상속세를 폐지하는 대신, 사망 시점의 자산이전을 양도로 간주하여 양도소득세 또는 자본이득세를 부과하는 방식으로 과세체계를 전환하였다. 대표적으로 호주와 캐나다가 이러한 구조를 운영 중이다.

요약하면, 우리나라의 상속세 제도는 국제적으로 보면 다소 복잡하고 높은 세부담을 유발할 수 있는 구조이며, 과세방식 전환과 공제도 개편 등 다양한 제도적 논의가 함께 진행되고 있다.

정부는 2025년 3월, 기존 유산세 방식의 한계를 보완하고 조세 형평성을 높이기 위해「상증법」개정안을 입법 예고하고, 2028년부터 유산취득세 방식을 도입할 예정이다. 개정안의 주요 내용은 다음과 같다.

3

유산취득세: 「상증법」 개정안 내용

정부는 상속세 제도의 형평성과 현실 적합성을 높이기 위해, 현행 유산세 방식을 유산취득세 방식으로 전환하는 대규모 개편을 추진하고 있다. 2025년 3월 발표된 「상증법」 개정안에 따르면, 새로운 과세방식은 2028년부터 본격 시행될 예정이며, 2년 이상의 유예기간을 두고 전산 시스템 정비와 납세자 안내 체계 구축 등이 병행될 계획이다.

 기존의 유산세 방식은 피상속인의 총유산을 기준으로 세금을 계산하고, 그 총액을 상속인들이 각자 상속받는 비율에 따라 안분하는 구조였다. 이 방식은 행정상 간편하다는 장점이 있었지만, 상속인 개개인의 실제 수령액이나 경제적 능력을 고려하지 않는다는 점에서 형평성에 대한 비판이 지속되어 왔다. 다자녀 가구의 경우 상속재산이 여러 명에게 분산되면서 실질 세부담이 크게 줄어들지만, 단독 상속인에게는 동일한 재산에 높은 세율이 그대로 적용돼 세 부담이 더 무겁게 나타나는 구조적 불균형이 존재한다.

이에 반해 유산취득세 방식은 상속인 각자가 실제로 상속받은 '상속취득재산'을 기준으로 과세표준을 정하고, 개별적으로 공제와 세율을 적용받는다. 즉, 동일한 유산이라도 분할 방식에 따라 세 부담이 달라지며, 상속인의 납세 능력에 따라 세금을 부과하는 구조다. 개정안에 따르면, 직계비속과 배우자는 1인당 5억 원까지 공제를 받을 수 있고, 형제자매 등은 2억 원, 수유자(유언 등으로 유산을 받은 사람)는 최대 5천만 원(직계) 또는 1천만 원(기타)의 공제를 받을 수 있다. 또한, 상속인 전체 공제 총합이 10억 원에 미달할 경우에는 부족분을 추가로 보전해 최소한의 공제를 보장하도록 설계되었다.

배우자공제도 한층 강화된다. 과거에는 배우자가 실제로 받은 상속액에 따라 공제 한도가 달라졌으나, 이번 개정안에서는 배우자가 수령한 유산이 10억 원 이하라면 그 금액 전체를 공제 대상으로 인정한다. 또한 배우자가 생전에 받은 증여재산까지 공제 항목에 포함시켜, 고령 배우자의 생활을 보호하고 상속세 부담을 줄이려는 정책적 의도를 반영하고 있다.

납세의무 구조에도 중요한 변화가 있다. 기존에는 상속인들이 연대납세의무를 지고 있어, 한 명이 세금을 내지 않으면 다른 상속인이 그 몫까지 부담해야 했다. 그러나 이번 개정안에서는 연대납세의무를 없애고, 상속인 각자가 자신이 취득한 유산에 대해서만 납세 책임을 지도록 규정을 바꾸었다. 다만 의도적인 세금 회피나 형식적인 자산 분할이 의심되는 특수한 상황에서는 예외적으로 연대납세의무가 다시 적용되도록 하고 있다.

사전증여재산의 합산방식도 달라진다. 지금까지는 피상속인이 생전에 증여한 재산 전부를 유산 총액에 포함하여 상속세를 계산했지만, 유산취득세 방식에서는 각 상속인이 받은 증여재산만 그 상속인의 상속취득재산에 합산하도록 바뀐다. 이는 생전에 증여를 나누어 진행한 경우 세금 부담을 완화할 수 있도록 제도의 적용 범위를 넓히려는 목적을 담고 있다.

또한, 상속개시일 현재 재산이 분할되지 않은 경우에는 기존처럼 법정상속비율에 따라 과세가 진행되지만, 개정안은 9개월 이내에 분할을 마치면 수정신고와 정산을 통해 실제 분할 기준에 따라 세금을 다시 계산할 수 있는 제도적 여지를 허용하고 있다. 이는 공동상속인 간 협의가 늦어지는 현실을 반영한 조치다.

한편, 가업상속공제, 금융재산공제, 영농상속공제, 동거주택공제 등 기존 상속세에서 인정되던 각종 공제는 이번 개정 이후에도 변함없이 적용된다. 납세자 입장에서는 공제제도에 급격한 변화 없이 과세방식만 전환되는 셈이다.

이번 유산취득세 개편은 상속인의 공제와 납세책임을 보다 명확히 하고, 조세제도의 형평성을 높이며, 복잡했던 세금 계산 구조를 상속인 중심으로 단순화하는 데에 의의가 있다. 그러나 세무행정의 복잡성, 세수 감소, 제도 전환기의 혼란 등은 향후 과제로 남아 있으며, 납세자와 전문가 모두가 사전 준비와 제도 이해를 통해 대응할 필요가 있다.

4

상속세 납세의무

상속세는 국가가 부과하는 세금으로 분류되며, 상속이 시작되면 일정 요건을 갖춘 상속인은 법정 기한 안에 신고하고 세금을 납부할 의무를 진다. 상속세의 납세의무자는 크게 다음 두 유형으로 나뉜다.

1. 상속인: 민법상 법정상속인뿐 아니라, 유언에 따라 상속을 받는 자도 포함
2. 수유자: 유언이나 증여계약 후 사망에 따라 재산을 취득한 자

이처럼 상속세는 재산을 무상으로 이전받은 모든 사람에게 납세의무를 부과하는 구조다. 일반적으로 상속세는 '가족이 내는 세금'으로 인식되지만, 법적으로는 피상속인의 재산을 상속받거나 유증받

은 사람이면 가족 외 제3자라도 납세의무가 발생할 수 있다.

■ 거주자 vs 비거주자

납세의무 범위를 규정할 때, 피상속인의 주소지 또는 생활기반이 국내에 있는지 여부가 매우 중요하다. 피상속인이 국내에 주소를 두었거나 183일 이상 거소를 유지하고, 가족과 자산 등 생활의 기반이 국내에 있다면 거주자로 간주되어 국내외의 모든 상속재산이 상속세 과세 대상이 된다.

반면 피상속인이 비거주자라면 국내에 소재한 상속재산에 대해서만 상속세가 부과된다. 따라서 해외 이민자의 경우나 국내·외 복수국적 보유자의 경우에는 국내 과세대상 자산의 범위가 달라질 수 있으므로 유의해야 한다.

또한 상속인이 외국인인 경우에도 국내에 있는 상속재산을 취득하면 과세 대상이 되며, 실무에서는 국제조세조약이 적용되는 경우 상호간 과세 조정이 필요할 수 있다.

■ 연대납세의무

상속세의 납세의무에는 '연대납세의무'라는 독특한 규정이 존재한다. 상속인이나 수유자 중 한 명이 자신의 부담분 상속세를 내지 않으면, 다른 상속인이 자신이 취득한 재산 한도 내에서 그 세금을 대신 납부해야 하는 구조로 되어 있다.

연대납세의 한도는 상속인별로 실제 취득한 재산에서 피상속인의 채무, 각종 공과금, 그리고 해당 상속세액을 차감한 금액으로 산정된다. 또한 해당 상속인의 사전 증여분이나 추정 상속재산 중 자신의 몫까지 고려 대상에 포함되며, 이로 인해 생전에 많은 증여를 받은 상속인은 상속세 연대납부 의무가 한층 더 확대 적용될 수 있다.

이 제도는 모든 상속인에게 세금 납부의 공동 책임을 부여해 납세 누락을 예방하는 장점이 있으나, 실제 현장에서는 상속인 간 분쟁의 원인으로 작용하는 경우도 있다. 한 명의 상속인이 상속세를 납부하지 않음으로써 다른 상속인의 재산까지 경매 처분될 수 있는 위험이 있기 때문이다.

5

상속인의 범위와 상속순위

상속세를 제대로 이해하려면 우선 '누가 상속인이 되는가'를 분명히 아는 것이 중요하다. 상속세는 상속인이나 수유자가 재산을 무상으로 취득할 때 부과되므로, 상속인의 범위와 순위는 과세 대상 선정, 공제 여부 판단, 신고 절차 전반에서 중요한 기준으로 작용한다.

「상증법」은 상속인에 대한 직접적 정의를 따로 두고 있지 않으며, 민법상 상속규정을 그대로 준용하고 있다. 따라서 상속세를 이해하기 위해서는 민법에 따른 상속인의 범위와 상속순위를 먼저 이해할 필요가 있다.

민법에 따른 상속 순위는 다음과 같다:

상속 순위	상속인	비고
제1순위	직계비속 + 배우자	가장 우선 순위
제2순위	직계존속 + 배우자	자녀가 없는 경우
제3순위	형제자매	직계비속/존속 및 배우자가 모두 없을 경우
제4순위	4촌 이내 방계혈족	상속인이 전혀 없는 경우
예외	유언상속	위 순위보다 우선함

민법상 유언이 있을 경우에는 유언상속이 우선 적용된다. 유언이 없을 경우에는 위와 같은 법정상속순위에 따라 상속인이 결정되며, 같은 순위 내에서는 촌수가 가까운 자가 우선하고, 동순위·동촌수라면 공동상속인이 된다.

예를 들어, 자녀 3명과 손자 3명이 있는 경우, 직계비속인 자녀가 우선하며, 손자는 상속인이 되지 않는다. 태아는 법적으로 출생한 것으로 간주되어 상속인의 자격을 갖춘 것으로 인정된다.

배우자의 경우에는 특례적으로, 다음과 같이 공동상속인이 된다:

① 자녀가 있을 경우: 배우자는 제1순위 상속인으로 자녀와 공동상속
② 자녀가 없고 부모가 있을 경우: 제2순위에서 직계존속과 공동상속
③ 자녀와 부모 모두 없는 경우: 배우자는 단독상속인

■ 법정상속분의 비율

민법에 따라 피상속인의 유언이 없는 경우 상속재산은 법정상속비율에 따라 분할된다. 이때 동일 순위의 상속인은 원칙적으로 균등하게 상속하되, 배우자는 다른 상속인의 1.5배 지분을 가진다.

예시로 살펴보면 다음과 같다:

상속인 구성	상속비율
자녀 1명 + 배우자	자녀 2/5, 배우자 3/5
자녀 2명 + 배우자	각 자녀 2/7, 배우자 3/7
부모 2명 + 배우자 (자녀 없음)	각 부모 2/7, 배우자 3/7

이 비율은 상속세 계산 시 상속재산 분할, 공제 적용, 신고서 작성 시 실제 배분액 결정 등 실무에 직접 영향을 준다.

■ 유류분 제도

민법은 일정 범위의 상속인에게 최소한 보장되는 상속지분을 인정하는데, 이를 유류분(遺留分)이라고 한다. 유류분은 유언이나 생전증여로 인해 법정상속인이 상속을 전혀 받지 못하는 상황을 방지하는 제도로서, 상속인의 생존권 보장과 가족 간 갈등 방지를 목적으로 한다.

상속인 유형	유류분 비율
배우자 및 직계비속	법정상속분의 1/2
직계존속, 형제자매	법정상속분의 1/3

 예컨대 자녀 1명에게 전재산을 유언한 경우, 다른 자녀가 자신의 유류분에 해당하는 몫을 법적으로 청구할 수 있으며, 이는 유류분반환청구권으로 행사된다.

■ 상속세법상 '상속'의 범위

「상증법」에서 말하는 상속은 민법상의 상속 개념을 포함하면서도, 그보다 넓은 범위를 포괄한다. 유언에 따른 유증은 물론, 사망으로 인해 효력이 발생한 증여, 수익자연속신탁과 유언대용신탁, 특별연고자에게 분여된 재산까지도 상속으로 보아 과세 대상에 포함된다.

 상속세법에서 규정하는 상속인의 범위는 민법상의 법정상속인에 국한되지 않는다. 유언에 따라 재산을 받는 수유자, 생전 계약에 따라 재산을 이전받는 수증자, 신탁 수익자 등도 상속인으로 간주된다. 따라서 실무에서는 상속인을 판단할 때 민법과 세법 양쪽을 모두 고려해야 한다.

6

상속포기와 한정승인 제도란?

　상속은 피상속인이 사망함과 동시에 시작되며, 이 시점부터 상속재산은 물론 채무까지도 상속인에게 함께 이전된다. 민법은 상속이 이루어지는 순간부터 피상속인의 모든 권리와 의무가 상속인에게 자동으로 이전된다고 규정하고 있다. 상속인은 이를 거부하더라도 원칙적으로 상속재산과 채무를 모두 이어받는 포괄승계 방식이 적용된다.

　이러한 법적 구조는 자산보다 채무가 더 많은 상속을 받은 경우, 상속인이 오히려 경제적 손실을 입을 수 있는 위험을 내포하고 있다. 상속세 부담은 물론, 피상속인의 채무에 대해서도 개인 재산으로 변제해야 할 수 있기 때문이다.

　이러한 문제를 막기 위해 민법은 상속포기와 한정승인 제도를 두어 상속인의 고유 재산을 지킬 수 있는 장치를 마련하고 있다.

■ 상속포기: 애초에 상속인이 아니었던 것으로

상속포기는 상속인이 피상속인의 재산과 채무를 모두 승계하지 않겠다는 의사를 법적으로 밝힘으로써 처음부터 상속인이 아니었던 것으로 처리하는 제도다. 포기한 사람은 처음부터 상속인이 아니었던 것으로 간주되며, 이에 따라 채무도 승계하지 않는다.

상속포기는 채무가 확실히 많거나, 고인의 재산 상태가 명확하지 않으면서도 상속 의사가 없는 경우에 택하는 가장 명확한 방법이다.

■ 한정승인: 상속재산 범위 내에서만 책임

한정승인은 상속인이 상속을 수락하되, 피상속인의 채무와 의무에 대해 상속받은 재산의 한도 내에서만 책임을 지는 조건부 수락 방식이다. 즉, 상속재산이 채무보다 적더라도 고유재산까지 책임지지 않도록 보호받는 제도다.

한정승인은 상속포기와 달리 상속인의 자격을 유지하면서도, 예기치 못한 채무로부터 자신을 보호할 수 있는 실질적인 장치로 활용된다. 다만, 신고 이후에는 채권자 공고 절차 등 복잡한 정산 절차를 따르게 되므로, 실제 적용 시 전문가의 조력이 필요한 경우도 많다. 상속인 개인이 결정할 수 있으며, 형제자매나 자녀들 간 상속 처리 방식이 다를 수도 있다. 특히 부동산이 있는 경우, 상속포기를 해도 등기 이전 시 유의사항이 발생할 수 있으므로 실무 검토가 필요하다.

상속이 시작된 순간, 채무 여부와 관계없이 법률상 상속인은 의무를 지게 된다. 그러나 이 두 제도는 그 의무로부터 개인을 보호하는 장치다. 따라서 피상속인의 부채나 세무 상태가 불확실할 경우에는 상속을 그대로 받아들이기 전에 상속포기나 한정승인 여부를 신중히 검토할 필요가 있다.

지금까지 상속세의 개념과 과세체계, 상속인의 범위, 납세의무자, 그리고 상속포기 및 한정승인 제도 등 상속세의 기초적인 내용을 하나씩 살펴보았다. 상속세는 단순히 사망에 따라 발생하는 세금이 아니라, 가족의 자산과 세금, 그리고 법적 절차가 복합적으로 연결되는 제도다. 특히 상속세는 '알고 나면 준비할 수 있는 세금'이지만, '모른 채 맞이하면 부담이 커지는 세금'이다. 상속인과 상속재산의 범위, 신고기한과 납부의무, 상속 거절 절차 등은 사전에 숙지하고 있어야 유사시 실질적인 대응이 가능하다.

다음부터는 상속세의 실제 계산 구조와 신고 절차, 각종 공제 항목 및 재산 평가 방법 등 상속세의 핵심 내용을 단계적으로 살펴볼 예정이다.

핵심정리

- 상속세는 단순한 재정수입이 아니라 부의 대물림을 완화하고 사회적 형평성을 조정하는 정책적 기능을 가진 제도다.
- 우리나라는 전체 유산에 일괄 과세하는 유산세 방식을 채택하고 있어 높은 세율과 낮은 공제 구조로 인해 부담이 크게 느껴진다.
- 정부는 2028년부터 상속인별 취득재산을 기준으로 과세하는 유산취득세로 전환해 형평성과 응능부담 원칙을 반영하려 한다. 개정안은 배우자와 직계비속 1인당 5억 원, 형제자매 2억 원 등의 공제를 신설·확대하고, 연대납세의무를 폐지하여 각 상속인이 자기 몫만 납세하도록 했다.
- 상속세 과세대상은 법정상속인뿐 아니라 유언수유자, 신탁수익자 등 무상으로 재산을 취득한 자까지 포함된다.
- 상속재산에 채무가 많거나 불확실할 때는 상속포기나 한정승인을 통해 상속인의 고유재산을 보호할 수 있다.

2 장

상속세 세액계산

1

상속세 과세 체계 및 기본 원리

상속세 부담 규모를 가늠하려면 우선 세액이 산출되는 전반적인 계산 과정을 이해하는 것이 필요하다. 상속세는 아래와 같은 5단계 계산 절차를 거쳐 최종 납부세액이 확정된다.

1단계: **총상속재산가액 확정**

    본래의 상속재산, 간주상속재산, 추정상속재산을 합산한다.

2단계: **상속세 과세가액 산출**

    총상속재산에서 비과세 재산과 과세가액 불산입 항목, 공과금 및 채무 등을 차감한 후, 사전증여재산을 다시 더하여 과세가액을 산정한다.

3단계: **과세표준 결정**

    상속공제와 감정평가 수수료 등을 공제하여 과세표준을 확정한다.

4단계: **산출세액 계산**

과세표준에 초과누진세율(10~50%)을 적용하고, 필요한 경우 세대생략 할증과세를 포함한다.

5단계: **납부세액 확정**

산출세액에서 세액공제를 차감하여 최종적으로 납부할 세액을 결정한다.

이처럼 상속세는 각 단계마다 공제와 가산 요소가 적용되며, 이를 정확히 이해하는 것이 세금 부담을 줄이거나 분쟁을 예방하는 데 핵심이다.

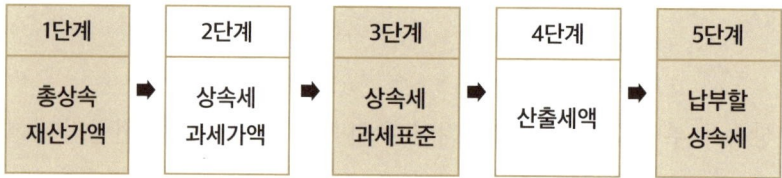

■ **1단계: 총상속재산가액의 확정**

상속세 계산의 출발점은 상속되는 전체 재산의 가액을 확정하는 것이다. 이를 총상속재산가액이라 부르며, 이 항목에는 세 가지 유형의 재산이 들어간다.

- **본래의 상속재산**: 피상속인이 사망 시점에 소유하고 있던 전 재산을 포함한다. 유언에 따라 무상으로 이전되는 유증재산이나, 증여자의 사망을 조건으로 이전되는 사인증여재산도 여기에 포함된다.
- **간주상속재산**: 피상속인의 사망을 원인으로 지급되는 재산으

로, 보험금, 신탁재산, 퇴직금 등이 이에 해당된다.
- **추정상속재산**: 피상속인이 사망하기 전 1년 이내(상속인이 아닌 사람에게는 2년 이내)에 2억 원 이상, 또는 5억 원 이상을 처분했으나 사용처가 명확하지 않은 재산을 가리킨다.

■ 2단계: 상속세 과세가액 산출

총상속재산가액이 결정되면, 세법상 비과세 재산이나 공제 대상 항목은 과세 대상에서 제외되거나 차감되며, 이러한 절차를 통해 최종적인 상속세 과세가액이 산정된다.

- 비과세 대상에는 국가나 지방자치단체에 유증된 재산을 비롯해 금양임야와 문화재 등이 들어간다.
- 공익법인에 출연된 재산이나 공익신탁으로 설정된 재산은 일정 요건을 충족하는 경우, 상속세 과세가액에서 제외되는 과세가액 불산입 재산으로 인정된다.
- 공과금·장례비용·채무는 피상속인의 사망과 관련하여 발생한 비용으로, 일정 한도 내에서 공제된다.
- 사전증여재산의 가산은 상속세 회피를 방지하기 위한 제도로, 피상속인이 생전에 증여한 재산 중 일정 요건에 해당하는 경우에는 상속세 과세가액에 다시 합산된다.

증여 대상	합산 기준 기간
상속인	사망 전 10년 이내
상속인이 아닌 자	사망 전 5년 이내

여기서 '상속인'은 민법상 법정상속인을 의미하며, 같은 가족이라 하더라도 법정상속인이 아닌 경우에는 '상속인이 아닌 자'로 분류되어 5년 기준이 적용된다.

또한, 다음에 해당하는 특례 증여의 경우에는 증여 시점과 무관하게 상속세 과세가액에 포함된다.

- 창업자금 증여(조특법 제30조의5)
- 가업승계 주식 증여(조특법 제30조의6)

상속세 과세가액 계산을 위한 과정을 도식화하면 다음과 같은 흐름으로 정리할 수 있다.

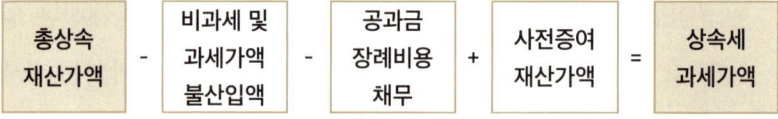

■ **3단계: 상속세 과세표준 산출**

상속세 과세가액이 확정되면, 여기에 적용할 수 있는 각종 공제를 차감하여 과세표준을 계산한다. 이때 공제 항목에는 다음과 같은 것들이 있다.

- 기초공제 또는 일괄공제(5억 원) 중 유리한 쪽을 선택
- 인적공제: 배우자, 직계비속 등 상속인의 수에 따라 공제
- 가업(영농)상속공제
- 배우자 상속공제
- 금융재산 상속공제

- 재해손실공제
- 동거주택 상속공제
- 감정평가 수수료 공제: 상속재산 평가를 위한 감정평가 비용

상속세 과세표준 계산을 위한 과정을 도식화하면 다음과 같은 흐름으로 정리할 수 있다.

■ 4단계: 산출세액 계산

과세표준이 정해진 후에는 해당 금액에 상속세율을 적용해 최종 산출세액을 산정하게 된다. 상속세율은 10%부터 50%까지의 초과누진세율 구조로 되어 있으며, 과표 구간에 따라 누진공제액이 적용된다.

■ 5단계: 납부할 상속세 계산

산출세액에서 할증 요소를 가산하고, 세액공제를 차감하면 실제 납부할 상속세액이 확정된다.

- 세대생략 상속 할증과세
  손자녀에게 바로 상속하는 경우, 산출세액의 30%를 할증과세

한다. 손자녀가 미성년자인 상태에서 상속재산가액이 20억 원을 넘을 경우 할증세율은 최고 40%까지 적용된다. 단, 피상속인의 사망이나 상속 결격 등으로 인해 손자녀가 대신 상속하는 '대습상속'은 예외로 한다.

- 세액공제 항목

항목	내용
신고세액공제	법정 신고기한 내 자진신고 시 산출세액의 3% 공제
증여세액공제	사전증여재산에 대해 이미 납부한 증여세를 공제
단기재상속세액공제	상속 개시일로부터 10년 이내 동일 재산이 다시 상속된 경우 일부 공제
외국납부세액공제	국외 자산에 대해 외국에서 납부한 상속세를 한도 내 공제 가능

- 기타: 일정 요건 충족 시, 문화재 등은 징수유예 대상이 될 수 있다. 납부 방식에는 연부연납, 물납, 분납 등이 있으며, 여기에 신고 불성실 및 과소신고 가산세 등이 추가로 부과될 수 있다.

상속세 납부액을 산정하는 절차를 도식화하면 다음과 같은 흐름으로 정리할 수 있다.

이상으로 상속세 계산의 전체 흐름을 살펴보았다. 각 단계는 세부적으로 다양한 공제와 가산 요소가 적용되므로, 전체 구조를 이해한 뒤 구체적인 규정을 확인하며 접근하는 것이 중요하다. 다음 장에서는 각 단계별 요소를 보다 깊이 있게 살펴보겠다.

핵심정리

- 상속세는 총상속재산가액 확정 → 과세가액 산출 → 과세표준 결정 → 산출세액 계산 → 최종 납부세액 확정의 5단계 절차를 거쳐 계산된다.
- 총상속재산에는 본래의 재산, 간주상속재산(보험금·퇴직금 등), 추정상속재산이 포함되며, 여기서 비과세 재산과 채무 등을 차감하고 사전증여재산을 가산한다.
- 과세표준에서 공제를 차감한 뒤 10~50%의 누진세율을 적용해 산출세액을 구하고, 세대생략 상속 할증 및 각종 세액공제를 반영해 최종 납부세액이 확정된다.

2

상속공제 제도

상속세 과세가액이 확정되면 이후 상속공제 및 상속재산의 감정평가수수료를 차감하여 상속세 과세표준을 산출한다. 상속세 과세표준은 상속세율을 적용해 세액을 산정하는 기준이 되며, 상속 개시 시점에 피상속인이 거주자인지 여부에 따라 계산 방식이 달라진다. 거주자의 경우 상속세법에서 정한 각종 공제가 적용되지만, 비거주자는 기초공제 2억 원 외에는 다른 상속공제 혜택을 받을 수 없다.

우리나라 「상증법」은 상속인의 경제적 부담과 세금에 대한 불안을 완화하고 생활안정과 기본적인 생계 유지를 지원하기 위해 상속공제 제도를 두고 있다. 이러한 상속공제는 상속인의 인적 상황과 상속재산의 상황에 따라 다양하게 공제되는데, 상속공제 금액은 공제 한도액의 범위 내에서만 인정된다.

■ **기초공제**

상속이 시작되면 피상속인이 거주자이든 비거주자이든 관계없이 2억 원의 기초공제가 기본적으로 주어진다.

■ **그 밖의 인적공제**

거주자의 사망으로 상속이 개시되는 경우에는 자녀 및 동거가족에 대해 추가적인 공제를 받을 수 있다. 인적공제는 해당 상속인이 상속을 포기했더라도 여전히 인정되어 공제 혜택이 유지된다. 공제대상 동거가족은 상속 개시일 현재 피상속인이 사실상 부양하고 있던 직계존비속(배우자의 직계존속 포함) 및 형제자매를 포함한다.

- 자녀공제: 자녀 1인당 5천만 원 (인원 제한 없음)
- 미성년자공제: 상속인(배우자는 제외) 및 동거가족 중 미성년자에 대해, 1천만 원에 19세까지의 연수를 곱한 금액
- 연로자공제: 상속인(배우자는 제외) 및 동거가족 중 65세 이상인 경우 1인당 5천만 원
- 장애인공제: 상속인 및 동거가족 중 장애인이 있는 경우, 1천만 원에 통계청 고시 통계표에 따른 성별·연령별 기대여명을 곱한 금액

자녀공제는 미성년자공제와 중복 적용이 가능하며, 장애인공제는 자녀·미성년자·연로자공제 및 배우자공제와 중복 적용이 가능하다. 반면 자녀공제와 연로자공제는 중복 적용이 불가능하다.

한편, 피상속인이 비거주자인 경우에는 기초공제만 적용되며, 인

적공제는 받을 수 없다.

■ **일괄공제**

거주자의 사망으로 상속이 개시되는 경우, 기초공제 2억 원 및 그 밖의 인적공제액의 합계액과 5억 원 중 큰 금액을 공제할 수 있다. 단, 상속세 과세표준 신고가 없는 경우에는 5억 원의 일괄공제를 적용하며, 배우자가 있는 경우에는 이에 더해 배우자공제를 적용할 수 있다.

배우자가 단독으로 상속받은 경우에는 신고 여부와 관계없이 일괄공제를 적용할 수 없다. 즉, 피상속인의 배우자가 민법상 단독 상속인으로서 상속을 받는 경우에는 기초공제와 인적공제의 합계액만 공제 받을 수 있으며, 배우자 상속공제는 별도로 적용된다.

■ **배우자 상속공제**

피상속인이 거주자이고 그의 사망으로 상속이 시작되며 배우자가 생존해 있는 경우, 배우자 상속공제를 적용할 수 있다. 그리고 배우자가 상속 포기 등으로 상속을 받지 아니한 경우에도 상속공제를 적용받을 수 있다.

배우자 상속공제는 배우자가 실제로 취득한 상속재산의 금액을 기준으로 산정되며, 각 구간에 따라 공제액이 달라진다.

- 배우자가 실제 상속받은 금액이 없거나 5억 원 미만이면 5억 원 공제
- 배우자가 실제 상속받은 금액이 5억 원 이상이면 실제 상속받은

금액(아래 공제한도액 초과 시 공제한도액)을 공제
- 배우자공제한도액: 다음 ①, ② 중 적은 금액

    ① (상속재산가액 + 추정상속재산 - 상속인 외의 자에게 유증·사인증여한 재산가액 + 10년 이내 증여재산가액 중 상속인 수증분 - 비과세·과세가액불산입 재산가액 - 공과금·채무) × (배우자 법정상속지분) - (배우자의 사전증여재산에 대한 증여세 과세표준)

    ② 30억 원

배우자가 실제 상속받은 금액이란 배우자가 상속받은 상속재산가액(사전증여재산가액 및 추정상속재산가액 제외)에서 배우자가 승계하기로 한 공과금 및 채무액과 배우자 상속재산 중 비과세 재산가액을 각각 차감한 재산가액을 의미한다.

실제 상속받은 금액으로 배우자공제를 받기 위해서는 상속세 신고기한의 다음날부터 9개월이 되는 날(즉, 배우자 상속재산분할기한)까지 상속재산을 분할(등기, 등록, 명의개서 등을 요하는 경우에는 그 등기, 등록, 명의개서 등이 된 것에 한함)한 경우에만 적용한다. 이 경우 상속인은 상속재산을 어떻게 분할했는지를 배우자 상속재산 분할기한 내에 납세지 관할 세무서장에게 신고하여야 한다.

다만, 상속인 등이 상속재산에 대하여 부득이한 사유로 분할할 수 없는 경우로서 분할기한(부득이한 사유가 소의 제기나 심판청구로 인한 경우에는 소송 또는 심판청구가 종료된 날) 다음 날부터 6개월이 되는 날까지 상속재산을 분할하여 신고하면 배우자 상속재산 분할기한 이내에 신고한 것으로 본다. 이 경우 상속인은 그 부득이한 사유를 배우자 상속재산 분할기한 내에 납세지 관할 세무서장에게 신고하여야 한다.

배우자 상속공제액을 계산할 때 주의할 점을 살펴보자.

첫째, 배우자는 가족관계등록부에 등재된 배우자에 한하여 공제대상이 된다. 사실혼 관계에 있는 배우자는 배우자 상속공제 적용대상이 아니다.

둘째, 배우자 상속공제는 실제 상속받은 재산에 대해 적용되므로, 배우자 상속재산으로 신고한 재산 중 일부만 배우자 명의로 등기 등이 된 경우에는 신고된 해당 분할재산만 상속공제 대상재산으로 인정된다.

셋째, 배우자가 실제 상속받은 재산으로 신고한 경우에 상속세 결정 과정에서 배우자가 승계한 채무나 공과금 등은 상속세 결정 시점에 확인된 것으로 계산된다.

넷째, 배우자공제 한도 계산에 있어 상속재산가액은 신고 누락된 재산을 포함하여 결정된 금액을 기준으로 계산한다.

사례분석
배우자 상속 여부에 따른 세 부담 비교

부모 중 한 분이 먼저 세상을 떠나고 배우자가 남아 있는 경우, 상속재산 규모가 크다면 배우자에게 일정 지분을 상속하는 것이 세금 절감에 유리하다.

예를 들어, 총 상속재산이 28억 원이고 상속인이 배우자 1명과 자녀 2명인 상황을 가정해 보자. 법정상속지분은 배우자가 3/7, 각 자녀가 2/7씩이므로 배우자는 약 12억 원, 각 자녀는 약 8억 원을 받게 된다.

먼저 배우자에게 아무런 재산도 상속하지 않고 전부를 자녀들이 나누어 가지는 경우를 살펴보면, 상속세 계산 시 일괄공제 5억 원과 배우자 공제 5억 원을 적용할 수 있다. 따라서 28억 원에서 총 10억 원을 공제하면 과세표준은 18억 원이 된다. 여기에 세율 30%와 누진공제 2억 원을 적용하면 산출세액은 약 3억 4천만 원이다.

반면, 법정상속지분대로 재산을 분할해 배우자가 12억 원을 상속받고 각 자녀가 8억 원씩 상속받는 경우를 보면, 일괄공제 5억 원과 배우자 공제 12억 원을 적용할 수 있다. 이 경우 28억 원에서 총 17억 원을 공제하면 과세표준이 11억 원으로 줄어든다. 같은 세율과 누진공제를 적용하면 상속세는 약 1억 3천만 원에 불과하다.

두 경우를 비교하면, 배우자에게 지분을 배분하는 방식이 상속세 부담을 약 2억 1천만 원 줄여 주는 효과가 있다. 다만, 배우자 상속공제를 받으려면 상속세 신고기한의 다음 날부터 9개월 이내에 배우자 명의로 재산을 분할하고, 등기나 등록 절차를 마쳐야 한다. 또한, 배우자가 상속을 받은 후 10년 안에 사망하여 재상속이 발생하면 '단기재상속세액공제'를 통해 추가 절세를 받을 수 있다.

■ **가업상속공제**

가업상속공제는 거주자인 피상속인이 10년 이상 계속 경영한 중소·중견기업의 가업상속재산을 상속인이 이어받는 경우 적용되는 제도다. 가업 영위 기간에 따라 최대 600억 원까지 상속세 과세가액에서 공제할 수 있도록 설계되어 있어 원활한 가업 승계를 지원한다.

가업이란 상속개시일이 속하는 과세연도의 직전 과세연도 말 현재 중소기업 등으로서 피상속인이 10년 이상 계속하여 경영한 기업을 말한다. 법인가업인 경우, 피상속인이 중소기업 등을 영위하는 법인의 최대주주 등으로서 그와 특수관계인의 주식 등을 합하여 해당 법인의 발행주식총수 등의 100분의 50(상장법인은 30) 이상을 보유하는 경우로 한정된다.

개인기업의 경우 가업상속재산은 상속재산 중에서 가업에 직접 사용되는 토지, 건축물, 기계장치 등 사업용 자산에서 해당 자산에 설정된 담보 채무 금액을 제외한 순가액을 의미한다.

법인기업의 경우 상속재산 중 가업에 해당하는 법인의 주식 등의 가액에 그 법인의 총자산가액 중 상속개시일 현재 사업무관자산을 제외한 자산가액이 총자산가액에서 차지하는 비율을 곱하여 계산한 금액에 해당하는 것을 말한다.

가업상속공제 한도액은 피상속인의 가업영위기간에 따라 다르며, 10년 이상인 경우는 300억 원, 20년 이상은 400억 원, 30년 이상은 600억 원까지 공제된다.

가업상속공제를 적용받기 위해서는 가업 요건, 피상속인 요건, 상속인 요건을 모두 충족해야 한다.

1) 가업의 요건

가업이란 피상속인이 10년 이상 계속하여 경영한 기업으로, 상속개시일이 속하는 소득세 과세기간 또는 법인세 사업연도의 직전 소득세 과세기간 또는 법인세 사업연도 말 현재 「상증법」 시행령 제15조의 요건을 충족하는 중소기업과 중견기업을 말한다.

2) 피상속인의 요건

가업상속공제 대상 가업이 법인이라면, 피상속인이 법인의 최대주주(최대출자자)로[2] 특수관계인의 주식 등을 합하여 발행주식총수의 40%(상장법인 20%) 이상을 10년 이상 계속 보유해야 한다.

① 피상속인이 상속개시일 현재 거주자일 것
② 피상속인이 가업의 영위기간 중 아래의 (ㄱ), (ㄴ), (ㄷ)의 어느 하나에 해당하는 기간을 대표이사(개인사업자인 경우 대표자를 말함)로 재직
 (ㄱ) 100분의 50 이상의 기간
 (ㄴ) 10년 이상의 기간(상속인이 피상속인의 대표이사 등의 직을 승계하여 승계한 날부터 상속개시일까지 계속 재직한 경우로 한정)
 (ㄷ) 상속개시일부터 소급하여 10년 중 5년 이상의 기간

3) 상속인의 요건 (상속인의 배우자가 아래의 요건을 모두 갖춘 경우에는 상속인이 그 요건을 갖춘 것으로 본다)

① 상속개시일 현재 18세 이상
② 상속개시일 전에 2년 이상 직접 가업에 종사 (다만, 피상속인이 65세 이전에 사망하거나 천재지변 및 인재 등 부득이한 사유로 피상속인이 사망한 경우에는 2년 이상 직접 가업에 종사하지 않아도 됨)
③ 상속세 과세표준 신고기한까지 임원으로 취임하고 상속세 신

---

[2] 가업승계에 따라 주식전부를 증여하여 최대주주 등이 아니게 된 경우를 포함한다.

고기한부터 2년 이내에 대표이사(대표자)로 취임해야 함

4) 가업상속공제 사후 의무요건

가업상속공제 후 5년간[3] 아래 요건 해당 시 사유 발생일이 속하는 달의 말일부터 6개월 이내에 공제받은 금액을 상속개시 당시의 상속세 과세가액에 산입하여 이자상당액을 포함하여 상속세를 신고·납부해야 한다.

① (자산유지) 가업용 자산의 40% 이상 처분
② (가업종사) 상속인이 가업에 종사하지 아니하게 된 경우
③ (지분유지) 상속인의 주식 지분이 감소된 경우
④ (고용유지) 근로자수·총급여액 5년 평균 90%에 미달하는 경우

5) 탈세·회계부정 기업인의 가업상속 혜택 배제

① (범죄행위) 상속대상 기업의 경영과 관련한 탈세 또는 회계부정[4]
② (행위시기) 상속개시 전 10년부터 상속 개시 후 7년까지
③ (처벌대상자) 피상속인 또는 상속인
④ (처벌수준) 확정된 징역형 또는 일정 기준 이상 벌금형

---

[3] 2023년 1월 1일 시행 이후 상속이 개시되는 분부터 적용(종전 7년)되며, 2023년 1월 1일 현재 사후관리 중인 경우에도 적용한다.
[4] 탈세는 포탈세액 3억 원 이상이고 납부할 세액의 30% 이상인 경우 또는 포탈세액이 5억 원 이상인 경우를 말하며, 회계부정은 재무제표상 변경 금액이 자산 총액의 5% 이상을 말한다.

■ 영농상속공제

영농은 한국표준산업분류에 따른 농업, 임업 및 어업을 주된 업종으로 영위함을 말한다. 그리고 영농상속은 피상속인이 영농(양축·영어 및 영림 포함)에 종사한 경우로서 상속재산 중 영농에 사용한 영농상속재산을 영농에 종사하는 상속인이 상속받는 것을 말한다.

영농상속 공제금액은 영농상속 재산가액으로 농지, 초지, 산림지, 어선, 어업권 및 영농법인 주식 등의 가액이 20억 원을 초과하는 경우에는 20억 원을 한도로 한다.

영농상속재산의 경우에는 피상속인이 상속개시일 2년 전부터 직접 영농에 종사하거나, 영농기업의 경우 해당 기업을 경영하여야 한다. 그리고 영농상속인은 상속개시일 현재 18세 이상인 자로서 상속개시일 2년 전부터 계속하여 직접 재촌하여 영농에 종사하거나, 영농기업의 경우 해당 기업에 종사하여야 한다. 또한 영농·영어 및 임업후계자도 영농상속인이 될 수 있다.

가업상속공제와 마찬가지로 영농상속공제도 사후관리 대상이다. 영농상속공제를 적용받은 뒤 상속개시일로부터 5년 이내에 특별한 사유 없이 공제 대상 재산을 처분하거나 실제 영농에 참여하지 않으면, 공제받았던 금액이 상속개시 시점의 과세가액에 다시 합산되어 상속세가 부과된다. 한편, 가업상속공제 및 영농상속공제는 피상속인이 거주자인 경우에만 적용받을 수 있다.

■ 금융재산 상속공제

거주자의 사망으로 인하여 상속이 개시된 경우, 상속개시일 현재

상속재산가액 중 금융재산의 가액이 포함되어 있는 경우에는 해당 금융재산에서 금융채무를 차감한 금액(이하 "순금융재산의 가액")에 따라 다음과 같이 공제한다.

- 순금융재산의 가액이 2천만 원 이하인 경우: 해당 금액 전액 공제
- 2천만 원 초과 ~ 1억 원 이하인 경우: 2천만 원 공제
- 1억 원 초과 ~ 10억 원 이하인 경우: 해당 가액의 20% 공제
- 10억 원 초과인 경우: 최대 2억 원 공제

공제대상이 되는 금융재산은 「금융실명거래 및 비밀보장에 관한 법률」 제2조 제1호에 규정된 금융기관이 취급하는 예금·적금·부금·주식 등이다. 다만 최대주주 등이 보유한 주식은 해당 공제 대상에 들어가지 않으며, 신고 기한 내에 신고되지 않은 타인 명의 금융재산 역시 공제에서 제외된다.

공제가 적용되지 않는 항목으로는 다음이 있다.

- 상속개시일 전 증여한 금융재산 또는 인출한 예금 중 용도가 불분명하여 과세가액에 가산되는 추정상속재산
- 상속개시 당시 현금 또는 수표
- 공동사업에 현물출자하여 취득한 출자지분
- 상속개시 후 지급받은 퇴직금 등

이러한 금융재산 상속공제는 금융자산 보유 비중이 높은 상속인의 상속세 부담을 완화하기 위해 도입된 제도이며, 적용 시 관련 증빙과 신고 요건을 충실히 갖추는 것이 중요하다.

■ 재해손실공제

　거주자의 사망으로 인하여 상속이 개시된 경우에 상속세 신고기한 이내에 화재, 붕괴, 폭발, 환경오염 사고 및 자연재해 등의 재난으로 인해 상속받은 재산이 멸실·훼손된 경우에는 그 손실가액을 상속세 과세가액에서 공제할 수 있다.

　다만, 해당 손실가액에 대해 보험금 등을 수령하였거나 구상권 등의 행사로 보전이 가능한 금액은 손실가액에서 차감한 후의 금액만 공제된다. 따라서 실제 재산상 손실이 발생하였는지, 그리고 손해보전이 가능한지 여부를 명확히 판단하는 것이 중요하다.

　재해손실공제는 예상치 못한 재해로 상속재산이 줄어든 경우 상속인의 세금 부담을 경감하기 위해 마련된 제도이며, 적용을 위해서는 사고 관련 증빙서류와 보상 내역을 철저히 갖추어야 한다.

■ 동거주택 상속공제

　부동산 실거래가 신고 등으로 1세대 1주택 실수요자의 상속세 부담이 증가함에 따라 상속세 부담을 완화하기 위하여, 다음의 요건을 모두 갖춘 경우에는 동거주택 상속공제(6억 원 한도)를 상속세 과세가액에서 공제할 수 있다. 상속개시일에 따라 보유·동거 가능 여부, 상속인의 범위 등에 차이가 있는 점에 유의해야 한다.

- 피상속인이 거주자일 것
- 피상속인과 직계비속인 상속인이 상속개시일부터 소급하여 10년 이상(상속인이 미성년자인 기간은 제외) 계속하여 하나의 주택에서 동거할 것. 이 경우, 피상속인과 상속인이 대통령령으로

정하는 부득이한 사유에 해당되어 동거하지 못한 때에는 이를 계속하여 동거한 것으로 보되, 그 동거하지 못한 기간은 동거 기간에는 산입하지 아니한다.
- 피상속인과 상속인이 10년 이상 계속하여 「소득세법」 제89조 제1항 제3호에 따른 1세대 1주택(고가주택 포함)에 해당할 것. 이 경우 도중에 무주택인 기간이 있는 경우도 포함된다.
- 상속개시일 현재 무주택자이거나 피상속인과 공동으로 1세대 1주택을 보유한 상속인이 해당 주택을 상속받을 것

동거주택 상속공제 금액은 상속받은 주택의 가액(부수 토지 포함)에서 해당 주택에 담보된 피상속인의 채무를 차감하여 계산한다.

일시적 2주택, 이농·귀농 주택, 문화재 주택, 상속인의 혼인으로 인한 혼인합가주택, 동거봉양을 위한 합가주택, 피상속인의 혼인으로 인한 합가주택, 공동상속주택(소수지분자) 등 1세대 2주택 보유가 인정되는 특수한 사유가 있는 경우에도 동거주택 상속공제가 가능하다.

사례분석
동거주택 상속공제

동거주택 상속공제를 적용받으려면, 상속인이 피상속인과 10년 이상 같은 주택에서 거주했어야 하며, 해당 주택이 1세대 1주택 요건을 충족해야 한다. 이 중 한 가지라도 충족되지 않으면 공제 혜택을 받을 수 없다.

2023년 6월, 아버지가 별세하며 소형 빌라 한 채가 상속재산으로 남았다. 상속인은 어머니와 두 아들이다. 어머니는 이 빌라에서 15년 이상 거주하였고, 큰아들도 대학 졸업 후 계속 함께 생활했다. 반면 작은아들은 결혼과 함께 타지로 이주해 8년째 별거 중이었다.

이 주택을 어머니가 단독으로 상속받으면 동거주택 상속공제 요건을 충족하지 못한다. 그러나 큰아들이 전부를 본인 명의로 상속등기하면, 빌라의 시가 5억 8천만 원에서 피상속인 명의 담보채무 8천만 원을 뺀 순가액 5억 원을 과세가액에서 공제할 수 있다. 법이 정한 한도는 6억 원이므로, 이 범위 내에서 전액 공제가 가능하다.

또한, 어머니가 상속을 받은 후 4년 뒤에 사망하여 재상속이 이루어진다면, 이전 상속에서 이미 과세되었던 재산 중 재상속분에 대해 '단기재상속세액공제'가 적용된다. 이 공제는 재상속 시점까지의 기간에 따라 아래와 같이 공제율이 차등된다.

이처럼, 상속재산 분할 방법과 등기 주체를 어떻게 설정하느냐에 따라 수억 원의 공제 혜택 차이가 발생할 수 있다. 특히 동거주택 상속공제는 '누가 상속받느냐'와 '거주 기간'을 충족하는지가 핵심이므로, 사전에 거주 요건과 상속 구조를 꼼꼼히 설계해야 한다.

■ **공제적용의 한도**

거주자의 사망으로 인하여 상속이 개시되는 경우, 상속세 과세가액에서 다양한 상속공제를 적용할 수 있다. 하지만 공제금액의 총합은 아래 산식으로 산출한 공제 적용 한도를 넘길 수 없고, 이를 초과하는 부분은 공제 대상에서 제외된다.

	상속세 과세가액
(−)	상속인이 아닌 자에게 유증·사인증여(증여채무 이행 중인 재산 포함)한 재산가액
(−)	상속인의 상속포기로 그 다음 순위의 상속인이 상속받은 재산의 가액
(−)	상속세 과세가액에 가산하는 증여재산의 과세표준
=	공제적용한도액

따라서 상속세 과세가액이 5억 원 미만이라 하더라도, 공제적용한도액으로 인해 상속세를 납부해야 하는 경우가 발생할 수 있다. 특히 기본적으로 공제 가능한 5억 원 또는 10억 원 외에도 피상속인이 부담한 부채나 공과금 등 공제 대상 금액이 많거나, 사전증여재산가액이 존재하는 경우에는 상속공제 한도액에 걸려 상속세 부담이 발생할 수 있으므로 주의해야 한다.

사례분석
상속공제액과 과세표준

상속세를 계산할 때는 공제항목의 합계만 보고 세금이 없을 것이라고 단정하기 어렵다. 실제로는 과세가액과 공제 한도액을 비교한 뒤, 그 범위 내에서만 공제를 적용할 수 있기 때문이다.

2024년 5월, 한 가정에서 상속이 개시됐다. 남겨진 재산은 8억 원이고, 사망 2년 전 장남에게 4억 원을 미리 증여한 사실이 있다. 법정 상속인은 배우자와 차남 두 명이지만, 유언에 따라 상속재산 중 2억 원은 조카가 받았다.

먼저 과세가액은 상속재산 8억 원에 사전증여 4억 원을 더한 12억 원이다. 공제 한도를 계산하려면 여기에서 두 가지 금액을 빼야 한다. 첫째, 장남에게 증여된 재산의 과세표준 3억 5천만 원(4억 원 - 증여재산공제 5천만 원)이고, 둘째는 상속인이 아닌 조카에게 유증된 재산 2억 원이다. 이를 차감하면 공제 한도액은 6억 5천만 원이 된다.

비록 일괄공제와 배우자공제를 합하면 10억 원에 달하지만, 실제로는 한도인 6억 5천만 원까지만 공제를 적용할 수 있다. 따라서 과세표준은 12억 원 - 6억 5천만 원 = 5억 5천만 원이며, 세율 30%와 누진공제 6천만 원을 적용하면 산출세액은 1억 500만 원으로 계산된다.

사전증여나 비상속인에 대한 유증이 있으면 공제 가능액이 줄어든다. 따라서 신고 전 반드시 공제 한도액을 확인해야 하며, 단순히 공제항목 합계만 보고 판단하는 것은 위험하다.

핵심정리

- 상속공제 제도는 상속인의 생활 안정과 세부담 완화를 위해 마련된 장치로, 기초공제·인적공제·일괄공제·배우자공제 등 다양한 항목이 적용된다.
- 배우자 상속공제와 가업·영농상속공제는 공제 규모가 커서 세부담을 크게 줄일 수 있지만, 분할 기한 준수와 사후관리 요건 등 엄격한 조건을 충족해야 한다.
- 금융재산·재해손실·동거주택 상속공제 등은 상속인의 재산구조와 상황에 따라 유용하게 활용될 수 있다. 다만 모든 공제는 법정 한도 내에서만 인정되므로, 사전증여나 비상속인 유증이 있으면 공제 가능액이 줄어 상속세가 예상보다 높아질 수 있다.

3

상속세율

상속세 세율은 과세표준 금액에 따라 최저 10%부터 최고 50%까지의 5단계 초과누진세율 구조로 이뤄져 있다.

과세표준	세율	누진공제
1억 이하	10%	-
1억 원 초과 ~ 5억 원 이하	20%	1천만 원
5억 원 초과 ~ 10억 원 이하	30%	6천만 원
10억 원 초과 ~ 30억 원 이하	40%	1억 6천만 원
30억 원 초과	50%	4억 6천만 원

산출세액은 과세표준에 해당 세율을 적용해 계산한 금액에서 누

진공제액을 빼는 방식으로 산정된다. 예를 들어, 과세표준 금액이 10억 원이라면 적용되는 세율은 30%이며 산출세액은 10억 원 x 30% - 6천만 원 = 2억 4천만 원이 된다.

4

세대생략 할증과세

할아버지의 상속재산은 아들에게 상속되는 것이 일반적이다. 아들이 고령이거나 건강 상태가 좋지 않아 상속재산을 관리하기 어렵거나, 가까운 시일 내에 다시 손자에게 상속될 가능성이 있는 경우에는 할아버지가 유언으로 손자에게 직접 재산을 넘기기도 한다. 이렇게 할아버지가 아들이 아닌 손자에게 상속하는 경우를 '세대를 건너뛴 상속'이라 하며, 이때는 산출세액에 추가로 30%(또는 40%)의 상속세가 부과된다. 이를 '세대생략 할증과세'라고 한다.

세대생략 할증과세의 도입 취지는 정상적인 두 번의 상속이 단 한 번의 세금으로 끝나는 것을 방지하기 위함이다. 즉, 할아버지 → 아들 → 손자로의 정상적인 상속이라면 상속세가 두 번 과세되지만, 할아버지가 손자에게 직접 상속하는 경우에는 상속세가 한 번만 과세된다. 이러한 세대를 건너뛴 상속에는 과세 형평성을 유지하기 위해 추가적인 세금이 적용된다.

세대를 건너뛴 상속에 대해 할증과세는 다음과 같은 경우에 적용된다.

- 상속인 또는 수유자가 피상속인의 자녀가 아닌 직계비속일 경우
  ① 미성년자로서 상속재산가액이 20억 원을 초과하는 경우: 상속세산출세액 × (피상속인의 자녀를 제외한 직계비속이 받은 상속재산가액 ÷ 총상속재산가액) × 40%
  ② 위에 해당하지 않는 경우: 상속세산출세액 × (피상속인의 자녀를 제외한 직계비속이 받은 상속재산가액 ÷ 총상속재산가액) × 30%

다만, 상속개시 전에 상속인이 사망하거나 상속결격으로 인해 불가피하게 손자녀가 상속을 받는 '대습상속'의 경우에는 세대를 건너뛴 상속으로 보지 않으며, 할증과세도 적용되지 않는다.

■ <절세 point: 세대생략 상속 vs. 단기재상속>

상속인이 고령이거나 건강 상태가 좋지 않은 경우, 전통적인 방식처럼 두 차례에 걸쳐 상속이 이루어지기보다는, 한 세대를 건너뛰어 자녀가 아닌 손자에게 직접 상속하는 방식이 유리할 수 있다.

이처럼 세대생략 상속을 고려할 때는 반드시 다음 두 가지 요소를 함께 따져보아야 한다.

첫째, 세대생략에 따른 할증과세 부담이 발생할 수 있다. 손자에게 직접 상속할 경우에는 일반 상속에 비해 30%의 할증세율이 적용되

기 때문이다.

둘째, 단기재상속에 따른 세액공제 혜택이 존재한다. 최초 피상속인이 사망한 후 10년 이내에 상속인이 사망하면서 다시 상속이 이루어진 경우에는, 앞선 상속으로 납부한 세액 중 일정액을 공제받을 수 있다.

따라서 세대생략에 따른 할증과세액과 단기재상속으로 기대할 수 있는 세액공제액을 비교해보는 것이 중요하다. 어느 방식이 더 유리한지는 상속재산의 구성, 상속인의 기대여명, 그리고 공제 가능 여부에 따라 달라지기 때문이다.

또한 주의할 점은 다음과 같다.

세대생략 할증과세는 상속세 과세표준이 발생하는 경우에만 적용된다. 따라서 상속재산의 규모가 작아 과세표준이 없을 경우에는 손자에게 직접 상속하더라도 별도의 할증세가 부과되지 않을 수 있다. 예컨대 상속재산이 공제 한도 이내에 있어 상속세가 과세되지 않는다면, 세대생략으로 인한 불이익도 발생하지 않는 셈이다.

하지만 여기서 간과하기 쉬운 함정이 있다. 상속세 과세표준 계산 과정에서 상속공제 한도에 걸릴 경우, 예상과 달리 상속세가 과세될 수 있다. 예를 들어 다음과 같은 경우가 그러하다.

- 일부 재산이 유증으로 손자에게 넘어가는 경우
- 상속인이 포기함으로써 손자가 상속인이 되는 경우
- 사전증여재산의 과세표준이 가산되는 경우

이처럼 과세표준 산정 시 상속공제의 적용 한도는 단순히 상속재산의 총액으로 판단할 수 있는 문제가 아니다. 「상증법」 제22조 및 제23조에 따라 공제가 제한되는 특정 재산이 있는 경우, 상속세 과세가액이 줄어들지 않기 때문에 상속공제 한도 초과로 인해 상속세가 실제로 부과될 수 있다.

사례분석
세대생략 할증과세 관련 사례

손자·손녀 등 한 세대를 건너뛴 상속은, 같은 재산을 부모에게 거쳐 상속하는 경우보다 세 부담이 커질 수 있다. 그 이유는 공제 한도가 줄어들고, 산출세액에 30%의 할증세율이 가산되기 때문이다.

이를 구체적으로 살펴보자. 2024년, 상속재산이 15억 원이고 상속인은 배우자와 외아들이다.

- 일반적인 상속 진행 시: 일괄공제 5억 원과 배우자공제 8억 원을 합해 총 13억 원을 공제받을 수 있다. 과세표준은 2억 원이 되고, 세율 20%와 누진공제 1천만 원을 적용하면 상속세는 3천만 원이다.
- 세대생략 상속 시: 외아들이 상속을 포기하고 손녀가 7억 원을 상속받는 경우, 공제 한도는 15억 원 - 7억 원 = 8억 원이다. 이 한도 내에서만 상속공제가 가능하므로, 과세표준은 7억 원이 된다. 세율 30%와 누진공제 6천만 원을 적용하면 상속세는 1억 5천만 원이다. 여기에 30% 할증세액 4,500만 원이 추가되어 총 세액은 1억 9천 5백만 원으로 늘어난다.

정리하면, 세대생략 상속은 공제 한도 축소와 할증세율 적용이라는 이중 불이익이 발생하므로, 세금 부담을 최소화하려면 사전 시뮬레이션과 함께 대안 마련이 필수적이다.

핵심정리

- 세대생략 상속이란 할아버지가 아들을 거치지 않고 손자에게 직접 재산을 물려주는 경우로, 이때는 정상적인 2회 과세가 1회로 줄어드는 것을 보완하기 위해 산출세액에 30%(미성년 손자가 20억 초과 상속 시 40%)의 할증세가 부과된다. 다만 불가피하게 손자녀가 상속받는 '대습상속'의 경우에는 할증과세가 적용되지 않는다.
- 세대생략 상속은 상속세 공제 한도 축소와 할증세율 적용이라는 이중 불이익이 있어 세부담이 커질 수 있으며, 반대로 단기재상속 시에는 세액공제 혜택을 받을 수 있어 두 방식을 비교 검토하는 것이 필요하다. 따라서 세대생략을 고려할 때는 상속인의 건강, 기대여명, 공제 가능액 등을 종합적으로 검토해 유리한 방식을 선택해야 한다.

3장

상속재산 및 비과세

1

상속재산의 범위와 총상속재산가액

상속세는 사망한 부모가 남긴 재산에 대해 국가가 부과하는 조세다. 즉, 피상속인이 남긴 유산, 다시 말해 상속재산은 기본적으로 상속세의 과세대상이 된다. 이러한 재산을 통칭하여 '상속세 과세대상 재산'이라 한다.

그러나 현실에서는 상속인이 피상속인의 모든 재산을 완벽히 파악하기 어렵고, 피상속인과 상속인 사이에 복잡한 금전거래가 존재하는 경우도 많다. 과세당국은 원칙적으로 상속인의 세금 신고에 의존하여 상속재산을 확인하게 되는데, 이로 인해 상속세를 공정하고 정확하게 과세하는 데 어려움이 따를 수밖에 없다.

이에 따라 「상증법」은 상속세의 과세대상으로 보아야 할 재산의 범위를 명확히 하기 위해 과세대상 재산을 세 가지 범주로 구분하여 열

거하고 있다. 세법에서 규정하는 총상속재산은 본래의 상속재산, 간주상속재산, 그리고 추정상속재산의 세 가지 항목으로 이루어진다.

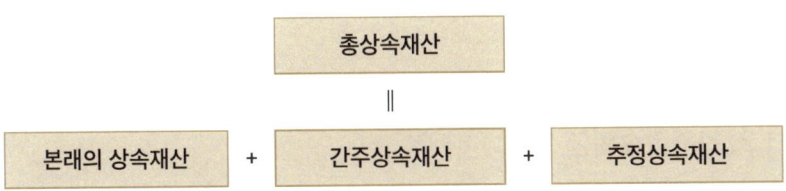

1.1. 본래의 상속재산

본래의 상속재산이란 상속개시일(사망일 또는 실종선고일) 현재, 상속·유증·사인증여를 원인으로 하여 피상속인에게 전속되는 재산을 말한다. 여기서 '전속된다'는 것은 법률상 피상속인에게 귀속되어 있던 권리·의무가 상속으로 인해 상속인에게 이전된다는 의미이다.

이러한 본래의 상속재산에는 금전으로 환가할 수 있는 경제적 가치가 있는 모든 물건과, 재산적 가치가 있는 법률상 또는 사실상의 권리가 포함된다. 예를 들어, 피상속인이 생전에 소유하고 있던 주택, 자동차, 주식, 예금 등은 물론이고, 특허권, 저작권 등 재산적 가치가 있는 권리도 본래의 상속재산에 해당한다.

일반적으로는 상속인이 직접 취득한 실물 재산만을 상속재산으로 생각하기 쉽다. 하지만 상속세법에서는 상속인이 직접 취득하지 않았더라도 일정 요건을 충족하는 경우, 해당 재산을 간주상속재산이나 추정상속재산으로 보아 총상속재산가액에 포함하도록 규정하고 있다. 그러므로 상속재산을 산정할 때에는 본래의 상속재산뿐만 아니라 간주되거나 추정되는 재산까지 고려해야 한다는 점을 기억해야 한다.

1.2. 간주상속재산

간주상속재산이란 상속인이 상속개시일 현재 상속·유증·사인증여를 원인으로 취득한 재산은 아니지만, 상속과 유사한 경제적 이익이 발생하는 재산을 말한다. 대표적인 예로는 사망을 원인으로 수령하게 되는 보험금, 신탁재산, 퇴직금 등이 해당된다.

즉, 이러한 간주상속재산은 형식상 상속재산이 아니더라도, 실질적으로는 상속을 통해 취득한 재산과 동일한 경제적 효과가 있기 때문에 상속세 과세 대상에 포함된다. 상속세법은 이러한 재산을 상속재산으로 '간주'하여 총상속재산가액에 포함하고, 그에 따라 상속세를 과세하고 있다.

이는 조세회피를 방지하고 실질과세 원칙과 과세형평성을 실현하기 위한 조치로, 명의나 형식에 관계없이 실질적으로 피상속인의 사망으로 인해 상속인에게 귀속된 재산은 모두 과세대상으로 포함하겠다는 입장에 기반하고 있다.

① 보험금: 피상속인의 사망으로 인하여 지급받는 생명보험 또는 손해보험의 보험금으로서 피상속인이 보험계약자가 되거나 피

상속인이 실제 보험료를 불입한 경우

예를 들어, 아버지가 생전에 생명보험이나 손해보험에 가입하면서 보험계약자의 명의는 본인으로 하고, 보험수익자를 자녀로 지정한 경우를 생각해 보자. 아버지가 사망하면 자녀는 보험수익자로서 보험금청구권을 가지게 되고, 이에 따라 보험금을 수령하게 된다.

이처럼 자녀가 수령한 보험금은 겉으로 보기에는 상속을 통해 직접 받은 것이 아니더라도, 실질적으로는 피상속인의 사망을 계기로 경제적 이익이 무상으로 이전된 것이기 때문에 상속인의 고유재산을 형성하게 된다. 즉, 상속인이 자력 없이 취득한 재산이므로 실질적으로는 상속과 다를 바 없는 결과가 되는 것이다.

이에 따라 상속세법은 이러한 보험금을 상속재산으로 '간주'하여 총상속재산가액에 포함시키고 있다. 그러나 상속세가 부과되는 보험금은 피상속인이 직접 납부한 보험료에 해당하는 금액으로 제한된다. 자녀가 보험계약자이면서, 그 자녀가 실질적으로 보험료를 납부한 부분에 대해서는 상속재산으로 보지 않는다.

요약하면 지급받은 보험금 전체가 과세되는 것은 아니며, 그중 피상속인이 실제로 부담한 보험료에 해당하는 금액만 상속세 부과 대상이 된다.

> **사례분석**
> ## 상속재산으로 간주되는 보험금 계산
>
> 피상속인이 사망하자 상속인은 생명보험금 8천만 원을 수령하였다. 이 보험계약의 총 납입보험료는 1,800만 원이며, 이 중 1,200만 원은 피상속인이 직접 납부한 금액이었다.
> 상속세법에서는 보험금 전액을 과세대상으로 보지 않고, 피상속인이 실제로 부담한 보험료 비율만큼만 상속재산에 포함한다. 이번 사례에서 피상속인 납입분의 비율은 1,200만 원을 1,800만 원으로 나눈 값인 2/3이다. 따라서 보험금 8천만 원에 이 비율을 곱하면 약 5,333만 원이 된다.
> 결국, 상속인이 받은 보험금 중 5,333만 원만이 상속세 과세대상으로 간주되며, 나머지 금액은 상속재산에 포함되지 않는다.

② 신탁재산: 피상속인이 신탁한 재산과 피상속인이 신탁으로 인하여 신탁의 이익을 받을 권리를 소유한 경우 당해 이익

신탁은 위탁자가 수탁자와 신탁계약을 체결하여 자신의 재산을 수탁자 명의로 이전하고, 그 재산의 이익을 특정 수익자를 위해 관리·처분하도록 하는 법률행위이다. 신탁계약에 따라 수탁자는 명의상 소유자로서 재산을 관리하되, 실질적인 소유자는 여전히 위탁자인 경우가 많다.

따라서 피상속인이 신탁계약의 위탁자로서 신탁한 재산이나, 그 신탁으로부터 발생하는 이익을 받을 권리를 보유하고 있다면, 해당 재산은 상속재산으로 간주되어 총상속재산가액에 포함된다. 이러한

신탁재산은 명의상 소유자가 수탁자라 하더라도, 실제로는 피상속인의 소유로 보기 때문이다.

다만 신탁이익을 받을 권리가 상속인이 아닌 타인에게 귀속된 경우, 해당 이익은 타인에게 무상으로 이전된 경제적 가치로 보아 증여세 과세대상으로 처리된다. 이 경우, 그 이익 상당액은 상속세 과세에서 제외된다.

아울러 수익권 귀속 여부를 판단할 때 기준이 되는 시점은 원본이나 이익이 실제 수익자에게 전달되는 때다. 단순히 계약상 명의만으로는 소유권이나 과세권이 확정되지 않으며, 실질 지급 시점의 귀속관계가 중요하다.

한편, 명의신탁은 실질적인 거래 없이 명의만 타인에게 이전하는 행위로, 피상속인이 실제로 보유하면서 타인 명의로 관리해 온 재산에 해당한다. 이러한 명의신탁재산은 형식상 소유자가 타인이라 하더라도, 실질 소유자는 피상속인이므로 피상속인의 은닉재산으로 보아 상속재산에 포함된다.

명의신탁에 따른 증여세 과세 여부와 무관하게, 해당 재산은 상속세 과세대상에서 제외되지 않으며, 과세당국은 실질 귀속 기준에 따라 상속세를 부과할 수 있다.

③ 퇴직금 등: 퇴직금, 퇴직수당, 공로금, 연금 또는 이와 유사한 것으로 피상속인의 사망으로 인하여 지급되는 금액[5]

---

[5] 국민연금법, 공무원연금법 등 각종 법령에 따라 지급되는 유족연금 등은 상속재산에 포함되지 않는다.

피상속인에게 지급될 퇴직금 등이 사망으로 인해 상속인이나 유족에게 넘어가는 경우, 그 금액은 상속재산으로 간주된다. 이러한 퇴직금 등에는 퇴직금지급규정이나 단체협약 등에 따라 지급되는 금품, 그리고 피상속인의 생전 지위나 공로에 따른 포상금 또는 위로금 등이 포함된다.

일례로 근로자가 업무 외의 사유로 사망했을 때 회사가 단체협약 등에 따라 유족에게 지급하는 유족위로금은 사망을 원인으로 상속인에게 귀속되는 재산적 이익으로 보아 상속세 부과 대상이 된다.

반면, 다음과 같은 유족급여는 상속재산에 포함되지 않는다.
- 업무상 사망으로 인해 「근로기준법」에 따라 지급되는 유족보상금
- 「국민연금법」, 「공무원연금법」 등 각종 사회보장법에 따라 지급되는 유족연금 등

이는 상속관계와 무관하게 공적 보장제도에 따라 지급되는 생계지원 성격의 급여이므로 과세대상에서 제외된다.

한편, 상속재산으로 보는 퇴직금은 퇴직소득세를 차감한 순액 기준으로 계산한다. 이때 퇴직소득세는 이미 해당 소득에서 공제된 것이므로, 상속세 계산 시 별도로 공과금 항목에서 다시 차감할 수 없다.

또한, 피상속인의 퇴직금이나 사망보험금은 대부분 상속인이 직접 회사나 보험사로부터 수령하게 된다. 이런 이유로 상속인이 해당 금액을 단순한 '회사에서 받은 위로금'으로만 생각해 상속재산으로 보지 않는 실수를 하기 쉽다. 따라서 이를 간주상속재산으로 분류해 상속세 신고에 포함해야 한다.

1.3. 추정상속재산

피상속인이 상속개시 전에 자신의 재산을 처분하여 과세자료로 쉽게 드러나지 않는 현금 등으로 상속인에게 증여하거나 이전함으로써 상속세를 회피하는 경우가 있다. 「상증법」은 이러한 부당한 상속세 회피를 방지하기 위해, 상속개시 전 일정 기간 이내에 일정 금액 이상의 재산을 처분하고 그 처분금액의 사용처가 명백하지 않은 경우, 해당 금액을 '추정상속재산'으로 보아 상속세 과세가액에 포함하도록 규정하고 있다.

추정상속재산에 해당하는지는 아래의 3단계 요건을 통해 판단한다.

1단계: 일정기간 내 재산 처분 또는 채무 부담 여부

먼저 피상속인이 상속 개시일 전 일정 기간 동안 재산을 처분하거나 예금을 인출했거나, 새로운 채무를 부담한 사실이 확인되어야 한다.

2단계: 일정금액 이상 + 사용처 미입증 여부

만약 처분하거나 인출한 금액, 혹은 새로 부담한 채무가 2억 원이나 5억 원 등 법에서 정한 기준 금액을 넘는다면, 상속인은 그 사용처를 소명해야 할 의무가 있다. 그리고 상속인이 해당 금액의 사용처를 명확히 입증하지 못한 경우에만 다음 단계로 넘어간다.

3단계: 일정 기준 초과 시 과세 가액에 산입

사용처를 입증하지 못한 금액이 법에서 정한 기준 금액을 초과하는 경우 그 초과액을 상속재산으로 추정하여 상속세 과세가액에 포함된다.

상속세법은 이렇게 산입된 추정상속재산에 대해, 해당 금액을 상속인이 법정상속지분에 따라 상속받은 것으로 간주하여 각자의 상속세 납부세액을 계산한다. 그리고 이 경우, 상속인이 상속포기를 하였다 하더라도, 사용처를 입증하지 못한 금액에 대해서는 실제로 상속받은 것으로 보아 상속세를 과세할 수 있다는 점에 주의해야 한다.

1.4. 처분·인출한 재산에 대한 상속재산 추정방식

추정상속재산의 적용 기준: 기간과 금액

피상속인이 상속 개시 전 일정 기간 안에 재산을 처분하거나 예금을 인출했는데 그 금액이 기준을 넘고 사용처를 입증하지 못하면, 해당 금액은 상속재산으로 추정하여 상속세 과세가액에 포함된다. 추정상속재산에 해당하는 기간과 금액의 기준은 아래와 같이 설정되어 있다.

기간 기준	재산종류별 기준금액
상속개시일 전 1년 이내	2억 원 이상
상속개시일 전 2년 이내	5억 원 이상

재산종류별 판단 기준

여기서 말하는 '재산종류별'이란 다음 세 가지 유형으로 나누어 각각 독립적으로 적용한다.

① 현금, 예금, 유가증권
② 부동산 및 부동산 관련 권리
③ 기타 재산 (위 ①, ② 외)

즉, 상속개시일 전 1년 이내에 처분한 재산이 총 3억 원이라 하더라도, 위 세 가지 재산종류별로 각각 1억 원씩이라면 어느 하나도 2억 원을 넘지 않으므로 추정상속재산 대상이 되지 않는다.

금액 기준의 판단 시점

기간 내 처분금액이 2억 원 또는 5억 원 이상인지 여부는 해당 기간 중 실제 수령한 금액(영수금액)을 기준으로 판단한다. 예를 들어:

- 상속개시 2년 전에 매매계약을 체결하였으나,
- 계약금은 2년 이전에 수령하고,
- 중도금과 잔금은 2년 이내에 수령하였다면,
- → 중도금과 잔금 부분만이 2년 내 수령한 금액으로 판단되어, 추정상속재산의 판단 기준에 해당할 수 있다.

예금 인출의 판단 기준

예금은 피상속인의 계좌에서 인출된 전체 금액에서 재입금된 금액을 뺀 순인출액을 기준으로 산정하며, 다음과 같은 방식으로 적용된다.

- 피상속인이 A통장에서 2억 원을 인출하고 1억 원을 다시 입금한 경우 → 인출금액은 1억 원으로 계산
- 피상속인의 여러 예금계좌가 있는 경우, 모든 계좌의 인출·재입금을 합산하여 판단

단, 재입금된 금액은 기존에 인출된 금액 중에서 동일한 통장 또는 계열 계좌로 재입금된 것에 한정되며, 그 외 별도로 조성된 자금이 입금된 경우에는 인출금액에서 차감되지 않는다. 해당 자금이 '별도 자금'에 속하는지를 입증할 책임은 과세당국에게 있다.

기준금액 미만인 경우의 처리

상속개시일 전 1년 이내 2억 원 미만, 2년 이내 5억 원 미만인 경우에는 원칙적으로 사용처를 소명할 필요가 없다. 그러나 다음과 같은 예외가 있다.

- 처분대금 등이 실질적으로 상속인에게 증여된 사실이 명백한 경우 → 상속세 과세가액에 포함

다시 말해 기준금액보다 적다고 해서 자동으로 과세 대상에서 빠지는 것은 아니며, 실질적인 귀속이 상속인에게 있다면 과세될 수 있으므로 유의할 필요가 있다.

사례분석
상속재산으로 보는 처분재산의 판단

사례 ①

　피상속인은 사망 18개월 전 상가건물 3억 원을, 15개월 전 토지 4억 원을, 그리고 사망 6개월 전 상가분양권 1억 2천만 원을 각각 처분하였다.

　상가건물, 토지, 상가분양권은 모두 '부동산 및 부동산 관련 권리'에 해당하므로 동일한 범주로 묶어 판단한다. 상속개시일 전 2년 이내 이 범주에서 처분한 금액은 총 8억 2천만 원으로, 기준금액인 5억 원을 초과한다.

　따라서 이 금액 전부가 사용처를 입증해야 하는 대상이 되며, 소명을 하지 못하면 추정상속재산으로 과세될 수 있다.

사례 ②

　피상속인은 사망 22개월 전 토지를 3억 원에 처분했으며, 사망 8개월 전에는 아파트 1억 5천만 원과 상가분양권 1억 원을 처분하였다.

　토지 처분은 2년 내에 이루어졌으나 금액이 5억 원 미만이므로 2년 기준에서 제외된다. 반면, 아파트와 상가분양권은 모두 '부동산 및 관련 권리'에 해당하고, 1년 내 처분금액의 합계가 2억 5천만 원으로 기준금액 2억 원을 초과한다.

　따라서 이 금액 전부가 사용처 소명대상이 된다.

사례 ③

　피상속인은 사망 10개월 전 상가건물 2억 5천만 원을 처분하고, 같은 시기에 예금 3억 원을 인출하였다.

　상가건물은 '부동산 및 관련 권리'로, 예금은 '현금·예금·유가증권' 범주에 속한다. 각각의 범주에서 1년 내 처분 또는 인출 금액이 모두 2억 원을 초과하므로, 상가건물 처분금과 예금 인출금 합계 5억 5천만 원이 사용처 소명대상이 된다.

사용처 미소명 금액의 과세 기준

상속세에서 추정상속재산을 산정할 때는 피상속인이 상속 개시 전에 재산을 처분하거나 예금을 인출했으나 그 사용 내역이 불분명한 금액을 상속세 과세가액에 포함할 수 있다. 이때 용도 불분명 여부는 상속인이 구체적인 증빙을 통해 입증해야 하며, 입증 책임은 전적으로 납세자에게 있다.

하지만 현실적으로 상속인이 피상속인의 생전 자금 사용처를 모두 정확하게 소명하는 것은 쉽지 않다. 이에 따라 「상증법」에서는 일정 수준까지는 용도불분명 금액을 과세 대상에서 제외하고, 초과분만을 과세하는 방식을 채택하고 있다.

사용처 소명에 있어서 용도가 객관적으로 명백하지 않은 금액 여부 판단은 납세자가 구체적인 증빙으로 입증해야 한다. 실제로 상속인이 피상속인이 상속 개시 전에 처분한 재산의 용도와 사용처를 모두 정확히 파악하는 것은 거의 어렵다. 이에 따라 「상증법」에서는 용도가 객관적으로 명백함을 소명하지 못한 금액 전부를 상속재산으로 추정하지는 않는다.

상속세 과세가액에 산입하는 금액은 사용처가 미소명된 용도불분명 금액이 처분재산가액 또는 부담채무액의 20% 상당하는 금액과 2억원 중 적은 금액 이상과의 차액을 상속세 과세가액에 산입하도록 하고 있다.

추정상속재산금액 = 용도 불분명금액 - (처분재산가액 등 × 20%, 2억 원 중 적은 금액)

예를 들어, 처분한 재산이 10억 원이고 이 중 3억 원의 사용처가 불분명한 경우:
- 기준금액: 10억 원 × 20% = 2억 원
- 미소명액: 3억 원
- 과세산입액 = 3억 원 - 2억 원 = 1억 원

'객관적으로 용도가 명백하지 않은 경우'의 구체적 판단기준

다음 중 하나라도 해당하면, 해당 금액은 용도불분명 금액으로 간주된다.
- 피상속인이 처분하거나 인출한 금액의 지출 상대방이 확인되지 않거나, 거래증빙이 없는 경우
- 거래상대방이 수수 사실을 부인하거나, 해당인의 재산상태 등으로 보아 수수 사실이 인정되지 않는 경우
- 거래상대방이 피상속인과 특수관계에 있으며, 사회통념상 지출 사실이 인정되기 어려운 경우
- 처분금액으로 취득한 다른 재산이 확인되지 않는 경우
- 피상속인의 연령, 직업, 경력, 소득, 재산상태 등에 비추어 해당 지출이 합리적으로 인정되지 않는 경우

이와 같은 사례에 해당하는 경우에는, 설령 일부 자금 흐름을 간접적으로 설명하더라도 법적으로는 소명이 되지 않은 것으로 간

주될 수 있다. 따라서 사용처 입증을 위한 거래명세서, 통장내역, 계약서, 상대방 진술서 등 객관적 자료 확보가 핵심이다.

사례분석
처분·인출한 재산의 추정상속재산의 계산

상속개시일을 1년 반 앞둔 시점에, 피상속인은 본인 명의의 상가건물을 12억 원에 매각하였다. 매각 대금 중 7억 원은 채무 상환과 생활비 지출 등 사용처가 분명했지만, 5억 원은 어디에 사용했는지 명확히 입증되지 않았다.

상속세법에서는 이렇게 처분·인출된 재산 중 용도불분명 금액이 일정 기준을 넘으면, 그 초과분을 '추정상속재산'으로 보아 과세가액에 더한다. 기준금액은 처분가액의 20%와 2억 원을 비교해 더 적은 금액으로 정한다. 이번 사례에서는 12억 원의 20%인 2억 4천만 원과 2억 원을 비교해 2억 원이 기준금액이 된다.

따라서 5억 원의 용도불분명 금액에서 2억 원을 뺀 3억 원이 상속세 과세가액에 가산되는 추정상속재산으로 계산된다. 즉, 사용처를 명확히 소명하지 못한 금액이 일정 수준을 넘는 순간, 해당 초과분이 세금 부과 대상이 되는 것이다.

이러한 규정은 상속 직전의 재산 처분을 통한 과세 회피를 방지하기 위한 장치다. 따라서 상속인이 불필요한 세 부담을 지지 않으려면, 상속개시 전 고액의 재산 처분이나 인출을 계획할 때 그 사용처를 객관적으로 입증할 수 있는 자료를 반드시 갖추는 것이 바람직하다.

1.5. 부담채무에 대한 상속재산 추정방식

부담한 채무는 피상속인이 생전에 금융기관이나 타인에게서 돈을 빌리는 등 상속인이 법적으로 상환 책임을 지는 채무를 의미한다. 이 경우도 예금 인출이나 재산 처분과 마찬가지로, 일정 금액 이상 채무를 부담하고 그 자금의 사용처가 명확하지 않은 경우, 미소명 금액 중 일정 부분을 추정상속재산으로 간주하여 상속세 과세가액에 포함한다.

① 채무에 대한 추정 적용 요건

구분	기준
상속개시일 전 1년 이내	채무합계액 2억 원 이상
상속개시일 전 2년 이내	채무합계액 5억 원 이상

위 기준을 초과하고, 그 채무금액의 사용처가 명백하지 않은 경우에는 다음과 같은 방식으로 과세한다.

추정상속재산금액 = 용도 불분명금액 - (부담채무액 × 20%, 2억 원 중 적은 금액)

② 채무금액의 80% 이상 입증 시, 전액 입증 간주
관련 규정에 따라 아래 기준을 충족하면 전체 채무금액을 입증된 것으로 간주한다.

- 미소명 금액이 부담채무액의 20%에 미달하는 경우
- 또는 미소명 금액이 2억 원을 초과하지 않는 경우

즉, 다음과 같은 방식으로 판단한다:

채무금액	입증요건 요약
10억 원 이하	80% 이상 입증 → 전액 입증 간주
10억 원 초과	미입증 금액이 2억 원을 초과하면 초과분에 대해 과세 대상이 됨

예를 들어, 부담채무액이 10억 원 이하인 경우에는 전체 채무액의 80%에 해당하는 8억 원까지 사용처를 입증하면 나머지 2억 원은 입증하지 않아도 전체가 입증된 것으로 간주된다. 그러나 부담채무액이 10억 원을 초과할 경우에는 입증되지 않아도 되는 한도금액이 2억 원으로 고정되므로, 단순히 80%를 입증하는 것으로는 부족하다. 예컨대, 채무가 15억 원이라면 해당 채무액의 20%인 3억 원은 2억 원을 초과하므로, 13억 원 이상을 입증해야 전체가 입증된 것으로 인정받을 수 있다.

③ 상속인이 변제 의무 없는 채무는 전액 과세

다음과 같은 경우에는 상속개시 전 기간과 무관하게 해당 채무 전액을 상속세 과세가액에 산입한다.

- 채권자가 국가, 지방자치단체, 금융기관 이외의 일반 개인 또는 법인
- 해당 채무가 상속인이 실제로 변제할 의무가 없다고 추정되는

경우

이 경우, 사용처 소명 여부와 관계없이 채무 전액을 상속재산에 포함하며, 입증책임 역시 상속인에게 있다.

따라서 국가·지방자치단체 및 금융기관이 아닌 자에 대해 채무를 부담한 경우에는, 채무부담계약서, 채권자확인서, 담보 설정 및 이자지급에 관한 증빙 등 객관적 서류를 통해 상속인이 실제로 채무를 부담하고 있다는 사실이 입증되어야 한다. 따라서 피상속인과 개인 간의 채무는 금융기관을 통해 이자를 지급하고, 무통장입금증 등 명확한 증빙을 갖추어야 세법상 채무로 인정받을 수 있다는 점을 기억해야 한다.

사례분석
부담채무의 80% 이상 입증 시 추정상속재산 배제 여부

사례 ①

피상속인의 채무금액이 8억 원이고, 상속인이 사용처를 6억 6천만 원까지 입증했다. 채무금액의 20%는 1억 6천만 원이며, 미소명 금액은 1억 4천 원으로 20% 기준금액보다 적다.

따라서 상속세법상 '전액 입증 간주' 요건에 해당하여 추정상속재산으로 보지 않는다.

사례 ②

피상속인의 채무금액이 18억 원이고, 상속인이 입증한 금액은 14억 5천만 원이다. 채무금액의 20%는 3억 6천만 원이지만, 법령상 미소명 한도는 2억 원이다.

미소명 금액은 3억 5천만 원으로, 상한액 2억 원을 초과하므로 '전액 입증 간주' 요건을 충족하지 못한다.

그러므로 초과분 1억 5천만 원이 추정상속재산으로 과세가액에 포함된다.

사례 ③

피상속인의 채무금액이 25억 원이고, 상속인이 입증한 금액은 23억 2천만 원이다. 미소명 금액은 1억 8천만 원이며, 채무금액의 20%는 5억 원이지만 상한액은 2억 원이다.

미소명 금액이 2억 원 이하이므로, 법에서 정한 기준을 충족하여 전액 입증된 것으로 간주된다. 이 경우 추정상속재산으로 과세되지 않는다.

1.6. 상속추정의 배제

상속세법은 일정 요건을 충족할 경우, 사용처가 명백하게 입증되지 않은 재산처분금액 또는 채무부담금액이라 하더라도 상속재산으로 추정하지 않도록 예외를 인정하고 있다. 이를 '상속추정의 배제 규정'이라고 한다.

구체적으로는 다음과 같은 경우에 해당하면, 해당 미소명 금액은 상속세 과세가액에 산입되지 않는다.

- 피상속인의 재산처분금액 또는 부담채무액의 20% 미만일 것
- 단, 20% 금액이 2억 원을 초과할 수 없으므로 최대 허용 한도는 2억 원

또한, 이 요건은 재산종류별 또는 채무별로 각각 개별적으로 판단해야 하며, 재산처분과 채무부담을 합산하여 전체로 보아서는 안 된다.

사례분석
상속추정의 배제 여부

피상속인은 상속개시일 10개월 전, 본인 명의의 토지를 4억 원에 매각했다. 이 중 3억 4천만 원은 사용처가 명확히 입증되었고, 6천만 원은 용도가 불분명했다. 같은 시기에 금융기관 채무 10억 원을 상환하면서, 7억 8천만 원은 사용처를 입증했으나 2억 2천만 원은 소명하지 못했다.

부동산 처분의 경우, 입증 비율이 85%에 달하고 미소명 금액도 전체 처분금액의 20%인 8천만 원보다 적으므로 상속추정에서 제외된다. 반면 채무 상환금은 입증 비율이 78%로 80%에 미치지 못하고, 미소명 금액이 2억 원의 법정 상한을 초과하여 추정상속재산에 해당한다. 따라서 채무 상환 부분에서 2억 2천만 원이 상속세 과세가액에 가산된다.

이처럼 상속세 추정 배제 여부는 단순히 금액 크기만으로 결정되지 않고, 입증 비율과 미소명 금액이 기준을 충족하는지가 핵심이다. 사전에 자금 흐름을 명확히 기록해 두면, 부동산 처분과 같이 고액 거래라도 과세대상에서 배제될 수 있다.

핵심정리

- 상속재산은 본래의 상속재산·간주상속재산·추정상속재산으로 구분되며, 이들의 합이 총상속재산가액을 이룬다.
- 본래의 상속재산에는 주택·예금·주식 등 실물재산뿐 아니라 특허권·저작권 같은 권리도 포함된다.
- 간주상속재산은 피상속인의 사망을 원인으로 발생한 경제적 이익(보험금, 신탁재산, 퇴직금 등)으로, 형식과 관계없이 상속재산으로 과세된다.
- 추정상속재산은 상속 개시 전 일정 기간 내 재산 처분·예금 인출·채무 부담액 중 사용처를 소명하지 못한 금액을 상속재산으로 본다.
- 추정 대상 금액 기준은 1년 내 2억 원, 2년 내 5억 원 이상이며, 재산 종류별(현금·예금, 부동산, 기타)로 각각 판정한다.
- 사용처 미소명 금액은 일정 한도(처분금액의 20% 또는 2억 원 중 작은 금액)까지는 제외되며, 이를 넘는 부분만 과세가액에 합산된다.

2

비과세 및 과세과액 불삽입 재산

총상속재산가액이 산정되더라도 사회 정책적 목적이나 공익적 필요에 따라 상속세가 면제되거나, 특정 요건을 갖춘 상속재산은 비과세 항목으로 분류되어 과세 대상에서 빠진다. 또한 상속세 과세가액에 포함되지 않는 재산 역시 상속세 부과 대상에 들어가지 않는다.

2.1. 전사자 등에 대한 상속세 비과세

전사 또는 이에 준하는 사망, 전쟁이나 이에 준하는 공무 수행 중 입은 부상 또는 질병으로 인한 사망의 경우에는, 피상속인이 소유한 모든 재산에 대해 상속세가 부과되지 않는다.

2.2. 비과세되는 상속재산

상속재산 중 일정 요건을 충족하는 경우 상속세가 비과세된다. 상속세법은 비과세로 인정되는 상속재산의 범위를 별도로 규정하고 있으며, 그 주요 항목은 아래와 같다.

- 국가·지방자치단체 또는 공공단체에 유증(사인증여 포함)한 재산
- 「문화재보호법」에 따른 국가지정문화재 및 시·도 지정문화재와 그 보호구역 안의 토지로서 해당 문화재가 속한 토지
- 피상속인이 제사를 주재하고 있던 선조의 분묘에 속한 9,900㎡ 이내의 금양임야 및 1,980㎡ 이내의 묘토인 농지 (한도 2억 원)
- 족보 및 제구 (한도 1천만 원)
- 「정당법」에 따른 정당에 유증한 재산
- 「근로복지기본법」에 따른 사내근로복지기금, 우리사주조합, 근로복지진흥기금 등에 유증한 재산
- 사회통념상 인정되는 이재구호금품, 치료비 등 불우이웃돕기 목적의 유증 재산
- 상속개시일로부터 상속세 신고기한 이내에 국가 또는 공공단체에 증여한 상속재산

상기 비과세되는 상속재산 중 선산이 있는 집안의 종손이 상속을 받는 경우에는 상속세 비과세 요건을 갖춘 금양임야 및 묘토에 해당되는 경우가 종종 있다. 선산이 포함된 상속 상속재산에 선산이 포함되어 있고, 그 선산이 피상속인이 제사를 주재하던 조상의 묘지라

면, 금양임야 및 묘토 요건을 충족할 경우 최대 2억 원까지 비과세 혜택을 받을 수 있다.

- 금양임야: 묘지를 보호하기 위하여 벌목을 금지하고 나무를 기르는 묘지 주변의 임야를 말한다. 피상속인이 제사를 지내던 선조의 분묘 주변 임야는 제사를 주관하는 상속인을 기준으로 하여 최대 9,900㎡까지만 상속세가 비과세된다. 공동으로 제사를 주관하는 경우에는 해당 상속인 전원이 기준이 된다.
- 묘토: 묘지와 인접한 거리에 위치한 농지로, 제사를 모시기 위한 재원으로 사용하는 토지를 말한다. 피상속인이 제사를 모시고 있던 선조의 묘제(산소에서 지내는 제사)용 재원으로 사용하는 농지에 해당되며, 반드시 제사를 주재하는 상속인에게 상속되어야 하고, 1,980㎡까지만 비과세된다.

■ <절세 point: 금양임야와 묘토의 비과세 요건 활용>

도시 근교에 위치한 선산은 예상 외로 높은 시가가 평가되어 상속세 부담을 키우는 요인이 될 수 있다. 하지만 해당 토지가 금양임야 또는 묘토로 인정되는 경우, 일정 면적 범위 내에서는 상속세가 과세되지 않는 비과세 혜택을 적용받을 수 있다.

다만 이 혜택을 받기 위해서는 실제로 제사를 주관할 상속인이 해당 토지를 상속받아야 하며, 그 사용 목적과 요건이 법령에서 정한 기준을 충족해야 한다. 만약 조건을 충족하지 못할 경우에는 전체 토지가 과세 대상이 되므로, 사전 검토 없이 단순히 선산이라 여겨 방치해서는 안 된다.

2.3. 과세가액 불산입재산

상속재산 중에 문화의 향상, 사회복지 및 공익의 증진을 목적으로 하는 공익법인 등이 출연받은 재산은 상속세 과세가액에 산입되지 않는다. 다만, 공익과 선행을 앞세워 변칙적으로 증여세 탈세수단으로 이용될 수 있으므로, 이를 방지하기 위하여 다음과 같은 일정 요건을 규정하고 있다.

- 상속세 과세표준 신고기한(상속개시일이 속하는 달의 말일부터 6개월 이내) 내에 공익법인 등에 출연할 것
- 공익신탁을 통해 공익법인 등에 출연하는 경우에도 동일하게 적용

'공익법인 등'이라 함은 다음과 같은 사업을 영위하는 개인 또는 법인을 말한다.

① 종교의 보급, 기타 교화에 현저히 기여하는 사업
②「초·중등교육법」 및 「고등교육법」에 의한 학교 및 「유아 교육법」에 따른 유치원을 설립·경영하는 사업
③「사회복지사업법」의 규정에 의한 사회복지법인이 운영하는 사업
④「의료법」에 따른 의료법인이 운영하는 사업
⑤「법인세법」 제24조제2항에 해당하는 기부금을 받은 자가 해당 기부금으로 운영하는 사업
⑥「법인세법 시행령」 제39조제1항제1호 각목의 규정에 의한 지정 기부금단체 등 및 「소득세법 시행령」 제 80조제1항제5호에 따

른 기부금대상 민간단체가 운영하는 고유목적사업. 다만, 회원의 친목 또는 이익을 증진시키거나 영리를 목적으로 대가를 수수하는 등 공익성이 있다고 보기 어려운 고유목적사업은 제외한다.
⑦ 「법인세법 시행령」 제39조제1항제2 호 다목에 해당하는 기부금을 받는 자가 해당 기부금으로 운영하는 사업. 다만, 회원의 친목 또는 이익을 증진시키거나 영리를 목 적으로 대가를 수수하는 등 공익성이 있다고 보기 어려운 고유목적사업은 제외한다.

공익법인에 재산을 출연한 경우에도, 다음과 같은 사후 요건을 위반하면 상속세가 추징될 수 있다:
- 상속인이 출연한 공익법인의 이사 중 1/5을 초과하여 이사가 되는 경우
- 상속인이 해당 법인의 사업운영에 있어 실질적인 의결권을 갖는 경우

또한, 상속세법은 일정 요건 위반 시 가산세 등 추가 세액도 규정하고 있으므로, 출연 전 반드시 출연 시기, 지배구조, 고유목적사업 사용 여부 등을 꼼꼼히 확인해야 한다.

사례분석
공익법인에 출연한 상속재산

한 상속인은 부친의 유언에 따라 상속재산 40억 원 중 15억 원을 장학재단에 기부했다. 기부 당시에는 상속세 신고기한 내에 출연을 완료하여 전액 비과세 처리되었다. 그러나 출연 2년 후, 상속인이 재단 이사의 절반을 차지하게 되었고, 장학사업 외의 수익사업에 재단 자금을 사용했다.

국세청은 이를 사후관리 규정 위반으로 판단하여, 해당 재산 15억 원을 다시 상속세 과세가액에 산입하고, 가산세까지 부과하였다. 그 결과, 상속인은 약 7억 원의 세금을 추가로 납부해야 했다.

상속재산을 공익법인에 출연하면, 일정 요건을 충족하는 한 그 재산은 상속세 과세가액에 포함되지 않는다.

이 제도는 상속세 절세와 사회공헌을 동시에 달성할 수 있는 수단이지만, 사후관리 규정 위반 시 비과세 혜택이 취소될 수 있다는 점에서 신중한 설계가 필요하다.

「상증법」은 피상속인이나 상속인이 종교, 자선, 학술, 환경보호 등 공익 목적을 가진 단체에 재산을 기부하고 상속세 신고기한 내에 출연을 완료하면 과세가액에서 제외하도록 규정한다.

예를 들어, 피상속인이 유언장을 통해 상속재산의 30%를 환경보호재단과 장학재단에 기부하도록 지정한 경우, 기한 내에 출연이 이루어지면 해당 금액은 상속세 과세대상에 산입되지 않는다.

다만, 공익법인에 출연 후에도 다음과 같은 사후관리 요건을 반드시 지켜야 한다.
- 상속인이 해당 법인의 이사 중 20%를 초과해 선임되지 않을 것
- 상속인이 법인의 주요 사업계획이나 자산 운용에 대한 결정권을 갖지 않을 것

이 조건을 위반하면 출연한 재산이 과세가액에 다시 포함되고, 가산세가 부과될 수 있다.

핵심정리

- 상속세법은 사회정책적·공익적 목적을 반영하여 일부 상속재산을 비과세하거나 과세가액에서 제외한다.
- 비과세 재산에는 전사자 재산, 국가·지자체 유증재산, 문화재, 금양임야·묘토 등이 포함되며, 특히 금양임야·묘토는 종손이 제사를 주재해야만 혜택이 인정된다.
- 공익법인이나 공익신탁에 출연한 재산은 일정 요건을 충족하면 과세가액에서 제외되지만, 사후관리 규정을 위반하면 추징 및 가산세 부담이 발생할 수 있다. 따라서 이러한 제도를 활용하면 절세와 사회공헌을 동시에 달성할 수 있으나, 요건 충족과 관리가 필수적이다.

> # 3

공과금·장례비용·채무의 공제

 총상속재산가액에서 비과세되는 재산이나 과세대상에서 제외되는 재산을 빼고 나면, 마지막으로 공제할 수 있는 항목이 있다. 그것은 바로 고인의 생전에 남긴 공과금, 장례비용, 그리고 채무(빚)이다. 이들 금액은 실제로 상속인이 물려받는 순재산을 계산하기 위해 총상속재산에서 빼 주는 것이다.

 유의해야 할 점은 공과금, 장례비용, 채무의 총합이 상속재산을 초과하더라도 그 차액까지 추가로 공제되는 것은 아니라는 사실이다. 다시 말해 실제 상속받는 재산보다 지출이 더 많더라도 그 초과분은 없는 것으로 간주되어 공제되지 않는다. 요약하면 상속세는 상속재산에서 인정되는 공제 항목만 차감해 산정된다는 점을 염두에 두어야 한다.

3.1. 공과금

"공과금"이란, 돌아가신 분이 사망 당시까지 납부해야 했던 세금이나 공공요금을 말한다. 국세, 지방세, 전기료, 수도요금 등이 이에 포함된다. 하지만 고인이 돌아가신 후 상속인의 실수나 책임 때문에 생긴 가산세, 연체료, 벌금, 과태료 같은 것들은 빼주지 않는다. 아울러 상속등기 절차에서 발생한 취득세나 등록세 등은 공제 항목에 포함되지 않는다.

만약 고인이 외국에 살고 있었던 비거주자라면, 우리나라 안에 있는 상속재산과 관련된 공과금만 공제해 준다. 다만, 국내에 사업장이 있었다면 그 사업장에서 발생한 공과금도 공제받을 수 있는데, 이때는 장부 등으로 증빙이 되어야 한다.

3.2. 장례비용

부모님이 돌아가시면 일반적으로 고인의 명복을 빌며 정해진 절차에 따라 장례를 치르게 된다. 이때 피상속인의 사망에 따라 발생하는 장례 관련 비용은 피상속인이 생전에 부담할 수 없는 성격의 지출이지만, 상속인에게는 피할 수 없이 생기는 필수 비용이다. 장례비용은 일반적으로 사회에서 통용되는 범위의 경비로 인정되어 상속세 계산 시 일정 한도 안에서 상속재산가액에서 차감할 수 있다. 다만 이 공제는 피상속인이 국내 거주자였을 때만 적용된다.

장례비용에는 피상속인이 사망한 날부터 장례일까지 실제로 장례에 직접 사용된 비용과 봉안시설 사용을 위한 비용이 포함된다.[6] 구체적으로는 시신의 발굴 및 안치, 묘지 구입비, 공원묘지 사용료, 비석·상석 등 장례에 직접 소요된 각종 경비가 이에 해당된다.

장례비용 중 봉안시설 관련 금액을 제외한 나머지가 500만 원에 미치지 않으면, 별도의 증빙이 없어도 500만 원까지는 공제 대상에 포함된다. 하지만 장례비용이 500만 원을 넘는 경우에는 실제 사용 내역을 증명할 수 있어야만 공제가 인정된다. 또한 장례비용이 1,000만 원을 초과하더라도 공제는 최대 1,000만 원까지만 가능하다. 따라서 장례비용이 500만 원을 넘는 경우에는 반드시 지출을 증명할 수 있는 영수증이나 계산서 등을 잘 보관해 두는 것이 중요하다.

아울러 장례문화 개선을 장려하기 위한 제도로, 봉안시설이나 자연장지에 사용된 금액은 별도로 최대 500만 원까지 추가로 공제받을 수 있다.[7] 이 역시 증빙이 있어야만 공제가 가능하다.

3.3. 채무

상속이 개시되면 피상속인의 재산에 관한 권리와 의무가 모두 법적으로 상속인에게 이전되며, 이에 따라 채무 역시 함께 승계된다.

---

[6] 봉안이란 유골을 봉안시설에 안치하는 것을 말하며, 봉안시설이란 봉안묘, 봉안당, 봉안탑 등 유골을 안치(매장 제외)하는 시설을 말한다.

[7] 자연장이란 화장한 유골의 골분을 수목, 화초, 잔디 등의 밑이나 주변에 묻어 장사하는 것을 말한다.

이렇게 상속으로 넘어온 채무는 상속재산가액에서 공제할 수 있다. 여기서 말하는 채무는 명칭과 관계없이 상속 개시 시점에 피상속인이 부담하고 있던 확정된 빚을 뜻하며, 공과금을 제외한 모든 채무가 해당된다. 금액의 규모와 상관없이 사실이 입증되면 전액 차감이 가능하다.

채무는 입증만 가능하면 공제할 수 있기 때문에 상속세 계산에서 매우 중요하고, 특히 세심한 주의가 필요한 항목이다. 실제로는 존재하지 않는 가공의 채무를 설정해 상속세를 줄이려는 시도가 발생할 수 있으므로, 세법에서는 공제 가능한 채무의 입증방법과 범위를 매우 구체적이고 엄격하게 규정하고 있다.

상속세 신고 시 채무공제를 받으려면 다음과 같은 서류를 통해 피상속인이 상속개시일 현재 실제로 부담하고 있던 채무라는 점을 입증해야 한다.

- 국가·지방자치단체·금융기관에 대한 채무: 해당 기관에 대한 채무임을 확인할 수 있는 서류
- 그 외의 일반 채무: 채무부담계약서, 채권자확인서, 담보설정 내역, 이자 지급 내역 등 실제 채무관계를 증명할 수 있는 자료

피상속인이 비거주자라면 공제 가능한 채무의 범위가 한정된다. 국내 상속재산을 담보로 설정된 유치권, 질권, 전세권, 임차권, 양도담보권, 저당권 등에 의해 담보 채무와, 국내 사업장에서 장부로 확인되는 사업상 채무만 공제 대상이 된다.

3.4. 증여채무

　상속세 계산에서 '증여채무'는 특히 신중히 다뤄야 하는 항목이다. 이는 피상속인이 생전에 특정인에게 재산을 무상으로 이전하기로 약속하고 그 이행 의무로 부담한 채무를 의미한다. 다만 이 증여채무가 상속 개시 전 일정 기간 내에 발생했다면 상속재산 공제 대상에서 제외된다.

　구체적으로 상속 개시 전 10년 이내에 상속인에게 부담한 증여채무나, 상속 개시 전 5년 안에 상속인이 아닌 제3자에게 진 증여채무는 공제 대상에서 제외된다. 이는 증여채무를 활용해 상속세 누진세율을 회피하는 것을 막기 위한 규정이다. 심지어 실제 증여계약과 채무가 입증되더라도 이러한 기간 내 발생한 증여채무는 상속재산 가액에서 차감되지 않는다.

　이처럼 공제가 제한되는 증여채무에 따라 증여된 재산은 사인증여로 간주되어 상속세 과세대상에 포함되며, 이때 수증자에게는 별도의 증여세가 과세되지 않는다.

　반대로 상속 개시일 기준으로 10년 이전(상속인이 아닌 경우는 5년 이전)에 체결된 증여계약에서 발생한 증여채무는 별도로 취급된다. 해당 증여재산이 상속세 과세대상에 포함되더라도 그에 따른 증여채무는 상속재산 공제 항목으로 인정되며, 동시에 수증자에게는 증여세가 과세된다.

3.5. 공제가능한 채무의 범위

상속세 계산에 있어서 공제가능한 채무로 가장 쉽게 확인이 가능한 것이 피상속인이 은행 등 금융기관으로부터 차입한 대출일 것이다. 또한 피상속인이 사망 전까지 부담한 보증채무, 연대채무, 임대보증금, 미지급이자, 사용인 퇴직금 상당액 등의 채무가 존재할 수 있다. 이러한 채무는 상속 개시일 당시 피상속인이 실제로 부담하고 있었으며, 그 의무가 상속인에게 승계되는 것이 확실할 때에만 공제가 인정된다.

- 보증채무: 피상속인이 보증한 채무 가운데 주채무자가 사실상 상환 능력이 없고 상속인이 구상권을 행사해도 회수가 불가능한 경우에는 공제가 인정된다.
- 연대채무: 피상속인이 연대채무자일 경우, 그 부담한 지분만큼만 공제할 수 있다. 다만, 다른 연대채무자가 변제불능이라 피상속인이 대신 부담한 경우에는 그 부분도 공제 가능하다.
- 임대보증금: 피상속인이 토지·건물을 임대하면서 받은 보증금은 상환의무가 있어 채무로 공제된다.
- 미지급이자: 상속 개시 시점까지 발생한 채무에 대한 미지급 이자도 공제 대상이다.
- 사용인의 퇴직금 상당액: 피상속인이 고용한 직원에 대해 발생한 퇴직금도 채무로 인정된다.
- 타인 명의의 대출금: 피상속인이 실제로 이자와 원금을 상환하고 담보까지 제공한 경우라면, 타인 명의의 대출도 실질적인 채

무로 인정받아 공제 가능하다.
- 가지급금: 피상속인이 법인 또는 거래처에 대해 가지급금 반환 의무가 있고, 상속인이 이를 실제로 부담한다면 공제 가능하다.

■ <절세 point: 채무공제의 실효성 확보>

상속세를 산정할 때, 채무공제는 실질적인 세금 절감에 직접적인 영향을 미치는 항목이다. 피상속인이 생전 부담했던 빚이 상속개시일 현재에도 유효하고, 그 사실이 객관적인 자료로 확인된다면, 금액의 크기와 관계없이 해당 채무 전액을 상속재산에서 공제할 수 있다.

다만 이 공제는 납세자의 단순한 진술만으로 인정되지 않는다. 채무공제를 받기 위해서는 두 가지 요건이 반드시 충족되어야 한다. 첫째, 그 채무가 상속개시 당시 실존했음이 분명해야 하며, 둘째, 이를 뒷받침할 신뢰할 수 있는 증빙자료가 갖추어져 있어야 한다. 통상 차용계약서, 송금 내역, 이자 지급 자료, 채권자의 확인서 등 다양한 자료가 종합적으로 요구된다. 단순히 계약서 한 장만으로는 부족하며, 자금 흐름과 거래 정황까지 드러나야 공제 인정 가능성이 높아진다.

이처럼 채무공제는 제도적으로 분명한 장점이 있지만, 허위 신고를 방지하기 위한 세무당국의 심사도 매우 엄격하다. 실제로 일부 상속인은 세부담을 줄이기 위해 허위 차용증이나 존재하지 않는 채무를 꾸며내 신고하는 경우가 있다. 이를 예방하기 위해 국세청은 사채성 채무가 신고될 경우, 해당 채권자의 주소지를 관할하는 세무서에 관련 내용을 통보하고, 필요 시 소득세 과세자료로 활용하거나 자금 흐름을 조사하는 방식으로 사실관계를 검증한다.

따라서 채무공제를 계획 중이라면, 단순한 주장보다는 누구에게나 납득될 만한 증빙 체계를 갖추는 것이 필수적이다. 입증 책임은 전적으로 납세자에게 있으며, 이를 소홀히 할 경우 세무조사나 가산세 등 더 큰 부담으로 이어질 수 있다. 채무공제는 허용되는 범위 내에서 신중하게 활용하되, 그 진실성과 명확성을 동시에 갖추는 것이 진정한 절세 전략의 출발점이다.

핵심정리

- 상속세 계산 시 총상속재산에서 공제할 수 있는 항목은 공과금·장례비용·채무이며, 실제 상속인이 받는 순재산을 반영하기 위한 것이다.
- 공과금은 피상속인이 사망 당시까지 부담한 국세·지방세·공공요금 등이 해당되며, 사후 발생한 가산세·벌금 등은 제외된다.
- 장례비용은 최대 1,000만 원까지 공제되며, 봉안시설·자연장지 비용은 별도로 최대 500만 원까지 추가 공제가 가능하다.
- 채무는 피상속인이 사망 시점에 실제로 부담한 확정된 빚에 한해 공제되며, 금융기관 대출·보증채무·임대보증금·미지급이자·퇴직금 등 다양한 항목이 포함된다.
- 증여채무는 상속세 회피를 막기 위해 상속개시 전 10년(상속인)·5년(제3자) 이내 발생분은 공제 불가하며, 모든 채무공제는 객관적 증빙이 있어야만 인정된다.

4

사전증여재산의 가산

피상속인이 사망 전에 미리 재산을 증여하면 상속세를 피할 수 있을까? 결론부터 말하면, 반드시 그렇지는 않다. 「상증법」은 피상속인이 사망하기 전 일정 기간 내에 증여한 재산이 있다면 이를 다시 상속세 계산에 포함하도록 규정하고 있다.

이 규정은 상속세와 증여세 간의 과세 형평을 유지하고, 사망 직전 증여를 통한 상속세 회피를 막기 위해 마련되었다. 예를 들어, 피상속인이 사망 직전에 가족에게 자산을 미리 증여하면 실질적으로는 상속과 동일하지만 형식상 증여로 처리되어 누진세율 적용을 피할 수 있는 문제가 발생한다. 이를 방지하기 위해 일정 기간 내에 증여된 재산은 다시 상속재산에 합산하여 상속세를 부과한다.

4.1. 사전증여재산 가산 대상 기간

피상속인이 증여한 재산이 다음 기간 내에 해당하면 상속세 과세가액에 가산된다.

증여 대상자	가산 기간
상속인	상속개시일 전 10년 이내의 증여재산
상속인이 아닌 자	상속개시일 전 5년 이내의 증여재산

또한, 조세특례제한법 제30조의5(창업자금) 또는 제30조의6(가업승계용 중소기업 주식)에 따라 증여한 재산은 시기와 관계없이 모두 상속세 과세가액에 가산한다.

4.2. 상속인 여부의 판단 기준

상속인인지 여부는 증여 당시가 아닌 상속개시일 현재를 기준으로 판단한다. 또한 민법상 선순위 상속인이 있는 경우, 그보다 순위가 낮은 후순위 상속인은 '상속인이 아닌 자'로 본다.

예를 들어, 피상속인이 자녀와 형제자매에게 증여했다면 자녀는 제1순위 상속인이므로 상속개시일 전 10년 이내의 증여재산을 모두 가산하고, 형제자매는 상속인이 아닌 자이므로 5년 이내 증여재산만 가산한다.

☐ **사례1: 상속인 여부 판단 시점**

할아버지가 2018년에 손자에게 재산을 증여하고 2023년에 사망한 경우, 당시 손자가 상속인은 아니었더라도 상속 개시 시점에 상속인에 해당하면 해당 증여분은 상속세 과세가액에 합산된다.

☐ **사례2: 상속인 vs 상속인이 아닌 자**

피상속인이 자녀와 형제자매에게 각각 증여한 경우, 자녀는 상속 개시일 기준 상속인에 해당하므로 10년 이내의 증여재산이 상속세 과세가액에 더해진다. 반면 형제자매는 상속인이 아니기 때문에 5년 이내의 증여분만 합산된다.

4.3. 증여재산의 평가와 부담부 증여

상속세에 가산하는 증여재산의 가액은 상속개시일이 아닌 증여일 현재 시가로 평가한다.

또한, 채무가 딸린 재산을 증여한 경우(예: 담보부 부동산 증여), 수증자가 채무를 인수했다면 그 채무액을 뺀 금액만을 상속세 과세가액에 가산한다. 이를 부담부 증여라고 한다.

그러나 아래와 같은 경우에는 채무공제가 허용되지 않으며, 해당 금액 전부가 상속세 과세가액에 포함된다.

- 배우자 또는 직계존비속 간의 부담부 증여인데 수증자가 실제로 채무를 인수하지 않은 것으로 추정되는 경우

- 제3자의 채무를 담보한 재산을 증여한 경우: 이때는 부담부 증여가 아니므로 전액 가산
  → 다만 수증자가 나중에 해당 채무를 대신 갚고 채무자에게 구상권을 청구하지 않으면, 그 금액은 채무자에게 증여한 것으로 간주되어 증여세가 부과된다. 반대로 구상권을 행사하면 이는 증여로 취급되지 않는다.

4.4. 중복과세 방지를 위한 증여세액 공제

사전증여재산이 상속세 과세가액에 포함되면, 이미 납부한 증여세가 있어 이중으로 세금이 과세되는 문제가 발생할 수 있다. 이를 방지하기 위해, 해당 증여재산에 대해 기납부한 증여세액은 상속세 산출세액에서 일정 한도 내에서 공제할 수 있다.

공제 한도는 다음과 같이 계산한다.

상속세 산출세액 × (사전증여재산의 과세표준 ÷ 전체 과세표준)

즉, 사전증여재산이 차지하는 비율만큼 상속세에서 공제할 수 있다. 다만, 다음의 경우에는 증여세액 공제를 인정하지 않는다.
- 해당 증여에 대해 부과제척기간이 경과하여 증여세가 과세되지 않은 경우
- 상속세 과세가액이 5억 원 이하인 경우

4.5. 가산 제외되는 증여재산

다음의 경우에는 사전증여재산이라 하더라도 상속세 과세가액에 가산하지 않는다.
- 비과세되는 증여재산
- 영농자녀에게 증여된 감면대상 농지
- 공익법인 등에 출연한 재산

핵심정리

- 피상속인이 사망 전에 증여한 재산은 상속세 회피 방지를 위해 일정 기간 내 증여분을 상속세 과세가액에 합산한다. (상속인: 10년, 비상속인: 5년)
- 상속인 여부는 증여 당시가 아니라 상속개시일 기준으로 판단하며, 부담부 증여는 실제 채무 인수분만 공제 가능하다.
- 증여재산의 평가는 증여일 현재 시가를 기준으로 하며, 중복과세 방지를 위해 이미 납부한 증여세는 상속세 산출세액에서 일정 한도로 공제된다.
- 공익법인 출연 재산, 영농자녀 감면 농지 등은 가산 제외 대상으로 규정되어 상속세 과세가액에 합산되지 않는다.

4장
세액공제 및 신고, 납부

1

세액공제

세액공제는 상속세 산출세액에서 일정한 세액을 직접 차감해 주는 제도이다. 이는 상속재산에 포함된 재산에 대해 이미 납부한 세금이 있는 경우, 이중과세를 방지하기 위한 조치이다.

대표적인 세액공제에는 다음과 같은 것들이 있다.

첫째, 상속재산에 포함된 증여재산에 대해 과거에 증여세를 납부한 경우, 그 증여세액을 상속세 산출세액에서 공제해 주는 제도가 있다.

둘째, 단기간 내 동일한 재산에 대해 다시 상속이 발생한 경우, 이전 상속에서 납부한 상속세액을 일부 공제해 주는 단기재상속세액공제가 있다.

셋째, 상속세를 법정기한 내에 성실하게 신고한 경우에는 일정 금액을 공제해 주는 신고세액공제도 존재한다.

이런 세액공제는 납세자의 이중 부담을 줄이고 자발적인 신고를 촉진하기 위해 마련된 제도로, 상속세를 절감하는 데 있어서 핵심적인 요소 중 하나다.

■ **증여세액공제**

상속세 과세가액에 가산한 증여재산에 대해서는, 해당 증여 당시 이미 납부한 증여세 산출세액을 상속세 산출세액에서 공제할 수 있다. 이는 같은 재산에 대해 세금을 두 번 매기는 것을 방지하기 위해 마련된 장치다.

다만, 상속세 과세가액에 가산한 증여재산이라 하더라도, 그 증여에 대해 국세의 부과제척기간이 이미 만료되어 증여세가 부과되지 않는 경우에는 해당 증여세액을 공제하지 않는다. 다시 말해 과거 증여에 대한 세법상 과세 가능 기간이 만료되면, 상속세에서 그에 해당하는 증여세를 공제할 수 없다는 의미다.

증여세액공제의 공제 한도는 수증자가 상속인이거나 수유자인 경우와, 상속인이나 수유자가 아닌 제3자인 경우로 나누어 다음과 같이 계산한다.

• 수증자가 상속인 또는 수유자인 경우

$$\text{상속세 산출세액} \times \frac{\text{가산한 증여재산의 과세표준}}{\text{상속세 과세표준} + \text{가산한 증여재산의 과세표준}}$$

→ "가산한 증여재산의 과세표준"은 상속세 과세가액에 가산된 해당 수증자의 증여재산만을 의미한다.

• 수증자가 상속인 및 수유자가 아닌 경우

$$\text{상속세 산출세액} \times \frac{\text{가산한 증여재산가액}}{\text{상속세 과세가액}}$$

→ "증여재산가액"은 상속세 과세가액에 가산된 해당 수증자의 증여재산 전체이다.

 사례분석
증여세액공제 한도

상속세 과세표준이 10억 원이고, 여기에 과거 증여재산의 과세표준 3억 원이 가산되었다고 하자. 상속세 산출세액은 3억 원이며, 수증자는 상속인이다.

상속세법에서는 공제한도를 계산할 때, 상속세 산출세액에 증여재산 과세표준이 차지하는 비율을 곱한다. 이 경우 비율은 3억 원을 (10억 원 + 3억 원)으로 나눈 값, 즉 3 ÷ 13이 된다. 상속세 산출세액 3억 원에 이 비율을 곱하면 약 6,923만 원이 나온다.

따라서 과거에 납부한 증여세가 8천만 원이라 하더라도, 실제로 상속세에서 공제받을 수 있는 금액은 계산된 한도인 약 6,923만 원까지만 가능하다. 즉, 납부한 증여세 전액이 아니라 법에서 정한 비율로 산출된 금액이 최종 공제액으로 적용된다.

■ 단기재상속 세액공제

상속 개시 후 10년 안에 상속인이나 수유자가 사망해, 한 차례 상속세가 부과된 재산이 다시 상속되는 상황이 발생할 수 있다. 이렇게 동일한 재산에 단기간 두 번 상속세가 부과되는 문제를 완화하기 위해 마련된 제도가 '단기재상속공제'이며, 이는 전 상속세 중 재상속된 재산에 해당하는 세액을 산출세액에서 차감하는 방식으로 적용된다.

단기재상속공제를 적용받기 위해서는 다음 요건을 충족해야 한다. 먼저, 피상속인의 사망일로부터 10년 이내에 해당 상속인이 사망해 재상속이 이루어져야 하며, 재상속되는 재산이 전의 상속재산 중 상속세가 부과된 재산이어야 한다. 이 요건을 충족하는 경우, 일정한 산식에 따라 공제세액이 계산된다.

공제세액은 다음과 같은 방식으로 계산된다:

$$\text{전 상속세 산출세액} \times \frac{\text{전 상속세 과세가액}}{\text{전 상속재산가액}} \times \text{공제율}$$

여기서 적용되는 공제율은 재상속까지의 기간에 따라 차등적으로 정해지며, 상속 개시일부터 1년 이내인 경우 100%를 적용하고, 매년 10%씩 감소하여 10년 이내에는 10%가 적용된다. 이를 표로 정리하면 다음과 같다.

재상속 발생시기	공제율	재상속 발생시기	공제율
1년 이내	100%	6년 이내	50%
2년 이내	90%	7년 이내	40%
3년 이내	80%	8년 이내	30%
4년 이내	70%	9년 이내	20%
5년 이내	60%	10년 이내	10%

이 제도는 짧은 기간에 상속이 연이어 발생할 때 과도한 세금 부과를 막기 위한 장치이며, 실무에서 반드시 고려해야 하는 핵심 공제 항목 중 하나다.

■ **신고세액공제**

상속세 납세의무자가 법정 신고기한 내에 상속세 과세표준을 성실하게 신고한 경우, 납세의무자의 성실 신고에 대한 인센티브로 일정 금액을 공제해주는 제도가 바로 '신고세액공제'이다.

신고세액공제는 신고기한 내에 상속세 과세표준을 신고한 경우에만 적용되며, 공제 대상이 되는 금액은 다음과 같다.

공제세액 = (산출세액 − 각종 세액공제 및 감면액) × 3%

이때 산출세액에는 세대 생략으로 인한 할증 과세액 역시 함께 계산된다. 이처럼 신고기한 내에 성실히 신고만 하면 최종 납부세액에서 3% 상당의 세액이 자동으로 줄어드는 효과가 있는 것이다.

이 제도는 납세자가 스스로 기한 내 신고를 하도록 장려하는 역할을 하며, 세금 부담을 경감할 수 있는 기본적인 절세 방안으로 활용된다.

■ 문화재자료 등의 징수유예

상속재산 중에는 문화재자료나 박물관자료처럼 역사적·학술적 가치를 지닌 물품이 포함되어 있는 경우가 있다. 이러한 재산은 시장에서 쉽게 현금화하기 어렵고, 사회적으로도 보존의 필요성이 크기 때문에 세법에서는 이에 대해 상속세의 징수를 유예할 수 있도록 규정하고 있다.

즉, 상속재산에 문화재자료 또는 박물관자료가 포함되어 있는 경우, 해당 재산에 상응하는 상속세의 징수는 일정 요건 하에 유예된다. 이로써 상속인은 해당 재산을 급하게 처분하지 않고도 납세의무를 유예받을 수 있게 된다.

징수유예 대상이 되는 세액은 다음의 산식에 따라 계산한다:

$$\text{상속세 산출세액} \times \frac{\text{(문화재자료 등 + 박물관자료)의 가액}}{\text{상속재산가액(가산하는 증여재산 포함)}}$$

전체 상속세 산출세액 중 문화재나 박물관자료가 차지하는 비율만큼을 계산하여, 그에 해당하는 세액만큼 징수가 유예된다. 단, 이 징수유예는 문화재의 보존이나 국가적 관리가 적절히 이루어질 수 있는 경우에 한하여 승인되며, 향후 해당 재산의 처분 등 사유가 발생할 경우에는 유예된 세액을 납부해야 할 수 있다.

이 제도는 문화재의 가치를 지키고 국가적 자산이 임의로 매각되는 것을 방지하기 위해 마련된 장치로, 실무상 효과적인 납세 유예 방법으로 활용된다.

핵심정리

- 세액공제는 상속세 산출세액에서 직접 차감하는 제도로, 이중과세 방지와 성실 신고 유도를 위해 운영된다.
- 주요 항목은 증여세액공제, 단기재상속세액공제, 신고세액공제이며, 각각 과거 납부세액 차감·재상속 부담 완화·신고 인센티브 기능을 한다.
- 문화재·박물관자료 상속 시에는 해당 재산 비율에 따른 세액의 징수 유예가 가능해, 세부담을 줄이면서 사회적 가치를 보호할 수 있다.

2

가산세

「상증법」은 상속세의 신고와 납부 의무를 명확히 규정하고 있으며, 이를 위반하면 가산세가 적용된다. 구체적으로 다음과 같은 경우에는 추가 세금 부담이 발생할 수 있다.

- 신고하지 않은 경우 또는 신고금액이 실제보다 적은 경우:
  과소신고 또는 무신고 가산세가 부과되며, 그 비율은 최소 10%에서 많게는 40%까지 이를 수 있다.
- 기한 내에 납부하지 않은 경우:
  미납된 금액에 대해 1일당 0.022%의 납부지연 가산세가 계속 누적된다.

이러한 가산세는 단순 실수나 착오로 인해 발생하더라도 면제되지 않으므로, 상속재산에 누락이 없는지, 공제·감면사항을 정확히 적용했는지, 그리고 법정 신고 및 납부기한을 준수했는지를 철저히 확인하는 것이 무엇보다 중요하다.

특히 상속세는 재산의 종류가 다양하고 평가도 복잡하기 때문에, 신고 과정에서 일부 재산이 누락되거나, 과세표준을 과소하게 신고하는 실수가 자주 발생한다. 하지만 이로 인해 발생하는 가산세는 금액이 매우 커질 수 있으므로, 사전에 전문가의 검토를 받거나 꼼꼼한 자료 정리와 일정 관리가 필요하다.

종류	부과사유	가산세액
무신고 및 과소신고	일반 무신고(*)	산출세액×(일반무신고 과세표준/결정과세표준) × 20%
	부정 무신고(*)	산출세액× (부정무신고 과세표준/결정과세표준) × 40%
	일반 과소신고(*)	산출세액× (일반과소신고 과세표준/결정과세표준) × 10%
	부정 과소신고(*)	산출세액× (부정과소신고 과세표준/결정과세표준) × 40%
	부정감면	부정감면·공제세액 × 40% * 2013.1.1. 이후부정행위로 세액감면·공제를 신청하는 분부터 적용
	과소신고 가산세 제외	1) 소유권 소송 등으로 상속재산 또는 증여재산으로 미확정 2) 공제적용에 착오 3) 평가가액의 차이

종류	부과사유	가산세액
납부지연	미납, 미달납부, 초과환급	미납, 미달납부, 초과환급 세액 * 미납(초과환급)기간 x 22/10000 * 미납기간: 납부기한 다음날~자진납부일 * 초과환급기간: 환급받은 날 다음날~납세고지일

(*) 산출세액은 세대생략 할증과세분이 포함된다.

   무신고 가산세는 일반 무신고 가산세와 부정 무신고 가산세로 구분된다. 일반 무신고 가산세는 법정신고기한인 상속개시일이 속하는 달의 말일부터 6월 이내에 과세표준을 신고하지 않은 경우에 산출세액의 20%가 가산된다. 부정 무신고 가산세는 부정행위에 의해 법정신고기한 내에 과세표준을 신고하지 않은 경우이며 산출세액의 40%가 가산된다. 여기서 부정행위는 다음에 해당되는 경우이다.

- 이중 장부의 작성 등 장부의 거짓 기장
- 거짓 증빙 또는 거짓 문서의 작성 및 수취
- 장부와 기록의 파기
- 재산의 은닉, 소득/수익/행위/거래의 조작 또는 은폐
- 고의적으로 장부를 작성하지 않거나 비치하지 않는 행위 또는 계산서(합계표), 세금계산서(합계표)의 조작
- 그 밖의 위계에 의한 행위 또는 부정한 행위

   과소신고 가산세는 일반 과소신고 가산세와 부정 과소신고 가산세로 나뉜다. 일반 과소신고 가산세는 법정신고기한까지 상속세 과

세표준 신고를 하였지만 과세표준 또는 납부세액을 신고하여야 할 금액보다 적게 신고하거나 환급세액을 신고하여야 할 금액보다 많이 신고한 경우에 산출세액의 10%가 가산된다. 부정 과소신고 가산세는 부정행위에 의해 과소신고한 경우이며 산출세액의 40%가 가산된다.

납부지연 가산세는 납부기한 내에 상속세를 납부하지 않거나 납부한 세액이 납부하여야 할 세액에 미달한 경우, 초과환급 세액이 환급받아야 할 세액을 초과한 경우 부과되는 가산세에 해당된다.

예를 들어, 상속받은 재산에 대하여 1천만 원의 상속세를 내야 하는 상속인이 신고하지 않아서 세무서에서 사망일로부터 1년 6개월이 지나서 고지가 된 경우와 정상적으로 신고한 경우의 내야 할 세금을 비교해 보면 다음과 같다.

- 정상신고 시 납부할 세금: ① - ② = 9,700,000 원
  ① 납부세액: 10,000,000원
  ② 신고세액공제: (10,000,000원 × 3%) = 300,000원

- 무신고 시 고지된 세금: ① + ② + ③ = 12,730,000원
  ① 납부세액: 10,000,000원
  ② 무신고가산세: 10,000,000원 × 20% = 2,000,000원
  ③ 납부지연가산세: 10,000,000원 × 365 × 0.022% = 730,000원

그러므로 상속세를 신고 납부하여야 할 자가 신고 납부를 모두 하

지 않으면 신고한 사람에 비하여 위와 같이 20% 이상을 더 내야 한다.

공익법인과 관련해서는 세법에서 여러 세제혜택을 주고 있으나 규정을 지키지 않는 경우 별도의 가산세 규정이 있다.

부과사유	가산세액
보고서제출 불성실	출연재산 계획·진도보고서 미제출.불분명금액에 상당하는 상속세액 또는 증여세액 × 1% * [한도액] 5천만 원(중소기업이 아닌 경우 1억원) 다만, 고의적으로 위반한 경우에는 한도 없음
주식보유기준 초과	보유허용기한 종료일 현재 보유기준 초과주식 등의 매년 말 현재 시가 × 5%
세무확인 등 불이행 및 장부작성 비치의무 불이행	[세무확인·회계감사 불이행, 장부의 작성.비치의무 불이행한 과세기간(사업연도)의 수입금액 + 해당 과세기간(사업연도) 출연받은 재산가액] × 0.07% * [한도액] 5천만 원(중소기업이 아닌 경우 1억원) 다만, 고의적으로 위반한 경우에는 한도 없음
이사기준 초과 등	출연자 등이 이사현원의 1/5을 초과하여 이사에 취임하거나 임직원으로 고용되는 경우 그들에게 지급된 인건비 등 직간접경비 × 100%
계열기업주식 초과보유	계열기업 주식보유금액이 총자산가액의 30%를 초과한 경우 초과분 주식의 매년 말 현재시가 × 5%
특정법인광고 홍보위반	특정법인의 이익을 위해 정상적인 대가 없이 광고하거나 홍보할 경우 그 광고·홍보와 관련된 경비에 상당하는 금액 × 100%

부과사유	가산세액
운용소득(매각자금) 미달사용	운용소득(매각자금)을 기준금액에 미달 사용한 경우에는 미사용액 × 10%
전용계좌 미개설·미사용	1) 전용계좌 미사용 시 사용하지 아니한 금액 × 0.5% 2) 미개설, 미신고 시 당해 사업연도 직접공익목적사업과 관련한 수입금액 또는 사용의무대상 거래금액 중 큰 금액 × 0.5%
결산서류 등 공시의무 불이행	공시하지 아니한 사업연도 종료일 현재 대차대조표상 자산총액 × 0.5%

한편, 상속재산에 포함되는 보험금이나 퇴직금, 주식 등을 지급하거나 명의변경을 하는 경우 관할세무서장에게 지급명세서를 제출해야 하는데, 이와 관련한 의무를 이행하지 않은 경우 가산세가 부과된다.

부과사유	가산세액
보험금명세서 등 제출위반	보험금명세서 및 전환사채는 미제출, 제출누락, 불분명한 금액 × 0.2%
명의개서명세서 등 제출위반	주식 등, 특정시설물이용권 명의개서·타익신탁 명세서 등 미제출, 제출누락 등 금액 × 0.02%
창업자금사용명세 제출불성실	창업자금 사용명세를 미제출금액 또는 불분명한 금액 × 0.3%

- 보험금: 생명보험과 손해보험의 보험금을 명의변경하여 취급하거나 지급하는 자는 관할세무서장에게 제출
- 퇴직금: 퇴직금, 퇴직수당, 공로금 등 이와 유사한 금액을 지급하는 자는 관할세무서장에게 제출
- 유가증권 등 명의개서 및 변경: 국내 주식, 출자지분, 공채 등을 이용할 수 있는 권리를 명의개서 또는 변경하는 자는 명의개선, 변경내역을 명의개서, 변경을 취급하는 자 별로 변경 또는 이전된 날이 속하는 분기종료일의 다음달 말일까지 본점 또는 주된 사무소의 소재지 관할세무서장에게 제출
- 신탁업무: 수탁재산 중 위탁자와 수익자가 다른 신탁의 구체적 내용을 관할세무서장에게 제출
- 전환사채 등: 전환사채 등을 발행하는 법인은 전환사채 발행 및 인수인의 구체적 사항을 관할세무서장에게 제출

상기에서 열거한 지급명세서 제출의무는 법인세법이나 소득세법에도 동일한 의무를 규정하고 있다. 대부분의 경우 법인세법이나 소득세법상의 제출의무와 중복되는 사항으로 중복제출을 면제하고 있다. 다만, 전환사채와 더불어 신주인수권부사채 또는 주식으로 전환, 교환하거나 주식을 인수할 수 있는 권리가 부여된 사채 등 전환사채 등에 해당되는 경우에는 해당 지급명세서를 제출해야 하므로 유의해야 한다.

핵심정리

- 무신고·과소신고 가산세: 상속세를 신고하지 않거나 축소 신고하면 일반(10~20%) 또는 부정행위(40%) 가산세가 부과되며, 단순 실수라도 면제되지 않는다.
- 납부지연 가산세: 기한 내 세금을 내지 않으면 미납금액에 대해 하루 0.022%씩 누적되어 추가 부담이 발생한다.
- 기타 가산세: 공익법인 운영, 보험금·퇴직금·주식 명의개서 등 각종 보고·제출의무를 위반하면 별도의 비율로 가산세가 부과되므로, 신고·납부·보고 의무 준수가 필수적이다.

3

신고기한 및 제출서류

상속세 법정신고기한은 피상속인이 거주자인 경우에는 상속개시일이 속하는 달의 말일부터 6월 이내이며, 피상속인이나 상속인 전원이 비거주자인 경우에는 상속개시일이 속하는 달의 말일부터 9월 이내에 신고하여야 한다. 상속세 신고기한 이내에 상속세 신고서를 제출하면 납부하여야 할 상속세액의 7%를 공제받을 수 있다(신고세액공제).

법정신고기한	제출대상서류
상속개시일이 속하는 달의 말일부터 6월 이내 - 피상속인이나 상속인 전원이 비거주자인 경우 → 상속개시일이 속하는 달의 말일부터 9월 이내	[필수 제출서류] 1. 상속세 과세표준신고 및 자진납부계산서 2. 상속세 과세가액 계산명세서(부표1) 3. 상속인별 상속재산 및 그 평가명세서(부표2) 4. 채무·공과금·장례비용 및 상속공제명세서(부표3) 5. 배우자 상속공제 명세서(부표3의2) 6. 상속개시전 1~2년 이내 재산처분·채무부담 내역 및 사용처소명명세서(부표4) [해당시 제출서류] 1. 영리법인 상속세 면제 및 납부명세서(부표5) 2. 그 밖에 「상증법」에 의하여 제출하는 서류 등 ex) 가업상속공제신고서 등

상속세 신고서는 피상속인의 주소지를 관할하는 세무서에 제출해야 한다. 다만, 상속개시지가 국외인 때에는 국내에 있는 주된 재산의 소재지를 관할하는 세무서에 신고·납부하여야 한다. 한편, 실종선고 등으로 피상속인의 주소지가 불분명한 경우에는 주된 상속인의 주소지를 관할하는 세무서에 신고·납부하여야 한다.

상속세 신고서는 정해진 절차와 순서에 맞추어 작성해야 한다.

① 상속개시전 1~2년 이내 재산처분·채무부담 내역 및 사용처 소명 명세서
② 상속인별 상속재산 및 평가명세서
③ 채무·공과금·장례비용 및 상속공제 명세서
④ 상속세과세가액계산명세서
⑤ 상속세 과세표준 신고 및 자진납부계산서

핵심정리

- 신고기한: 피상속인이 거주자인 경우는 상속개시일이 속하는 달의 말일부터 6개월, 피상속인·상속인 전원이 비거주자인 경우는 9개월 이내에 상속세를 신고해야 한다.
- 제출서류: 기본적으로 상속세 신고서, 과세가액 계산명세서, 상속재산·채무·공제 명세서 등이 필요하며, 상황에 따라 배우자공제, 가업상속공제 등 추가 서류를 제출해야 한다.
- 제출처 및 절차: 신고서는 피상속인 주소지 관할 세무서에 제출하며, 주소 불명확 시에는 주된 재산 또는 상속인의 주소지 관할 세무서에 제출한다.

4

상속세 납부

상속세는 납부기한 내에 일시에 납부하는 것이 원칙이나 「상증법」에서는 일시납부에 따른 과중한 세부담을 분산시켜 상속재산을 보호하고 납세의무의 이행을 쉽게 이행하기 위하여, 일정요건이 성립되는 경우에 분할하여 납부할 수 있도록 하고 있다. 이렇게 분할하여 납부하는 경우 2회에 나누어 내는 것을 분납, 장기간에 나누어 내는 것을 연부연납이라고 한다.

■ 상속세의 분납

상속세의 납부할 세액이 1천만 원을 초과하는 때에는 다음의 금액을 납부기한 경과 후 2개월 동안 이자 없이 분할 납부할 수 있다.
- 납부할 세액이 2천만 원 이하일 때: 1천만 원을 초과하는 금액

- 납부할 세액이 2천만 원을 초과하는 때: 그 세액의 50% 이하의 금액

상속세 신고서의 '분납'란에 분할하여 납부할 세액을 기재하여 신고서를 제출하는 때에 분납 신청이 완료되므로 별도 신청서를 제출할 필요는 없으며, 연부연납을 허가받은 경우에는 상속세 분납이 허용되지 않는다.

■ **상속세의 연부연납**

상속세 신고 시 납부해야 할 세액이나 납세고지서 상의 납부세액이 2천만 원을 초과하는 때에는 아래 요건을 모두 충족하는 경우에 피상속인의 주소지를 관할하는 세무서장으로부터 연부연납을 허가받아 일정기간 동안 분할하여 납부할 수 있다. 연부연납 기간은 보통 5~10년이며, 가업상속재산의 경우 최장 20년까지 허용된다.

- 상속세 납부세액이 2천만 원 초과
- 연부연납을 신청한 세액에 상당하는 납세담보* 제공
  * 납세보증보험증권 등 납세담보가 확실한 경우에는 신청일에 세무서장의 허가 받은 것으로 간주한다.
- 상속세 연부연납 신청기한 내* 연부연납허가신청서 제출
  * (신고 시) 법정신고기한까지
  * (고지 시) 고지서의 납부기한까지

따라서 상속세의 연부연납을 위해서는 신고 시에는 상속세 신고

서와 함께 연부연납신청서를 함께 제출하여야 하고, 무신고·과소신고분은 고지서의 납부기한 내에 연부연납을 신청해야 한다. 또한 연부연납을 허가받은 경우에는 상속세를 분납하는 방식은 적용되지 않는다.

연부연납기간은 납세의무자가 신청한 기간으로 하되, 아래 기간 내에 가능하다.
- 가업상속 외의 경우에는 연부연납 허가일로부터 5년
- 가업상속 외의 일반적인 경우에는 연부연납 허가일로부터 10년
- 가업상속인 경우에는 가업상속재산 비율 상관없이 20년 또는 10년 거치 10년 납부

■ 상속받은 재산으로 세금 납부: 물납

상속세는 원칙적으로 현금으로 납부해야 하지만, 현금 납부가 어려운 경우가 있다. 이때 정해진 요건을 충족하고 피상속인의 주소지 관할 세무서장의 승인을 받으면 상속받은 재산으로 세금을 낼 수 있으며, 이를 물납 제도라고 부른다.

- 사전증여재산을 포함한 상속재산 중 부동산과 유가증권의 가액(비상장주식 등 제외)이 2분의 1 초과
- 상속세 납부세액이 2천만 원 초과
- 상속세 납부세액이 상속재산가액 중 금융재산 가액 초과
- 상속세 물납 신청기한 내* 물납신청서 제출
  * (신고 시) 법정신고기한까지
  * (고지 시) 고지서의 납부기한까지

따라서 상속세의 물납을 위해서는 신고분은 신고기한까지, 무신고 또는 과소신고분은 고지서의 납부기한까지 물납을 신청을 하여야 한다.

물납을 신청할 수 있는 납부세액은 다음의 금액 중 적은 금액을 초과할 수 없다.

- 물납에 충당할 수 있는 부동산 및 유가증권의 가액에 대한 상속세 납부세액
- 상속세 납부세액에서 금융재산(금융재무 차감)과 거래소에 상장된 유가증권(법령에 따라 처분 제한된 것은 제외)의 가액을 차감한 금액

비상장주식 등으로 물납할 수 있는 납부세액은 상속세 납부세액에서 상속세 과세가액(비상장주식 등과 상속개시일 현재 상속인이 거주하는 주택 및 그 부수토지의 가액을 차감)을 차감한 금액을 초과할 수 없다.

연부연납 분납세액에 대해서도 첫 회분 분납세액(중소기업자는 5회분 분납세액)에 한해서만 물납을 할 수 있다.

핵심정리

- 납부 방법: 상속세는 원칙적으로 기한 내 일시납부이나, 세 부담이 큰 경우 일정 금액은 분납(2개월 내), 장기간 분할은 연부연납(최대 5~10년, 가업상속은 20년)으로 납부할 수 있다.
- 연부연납 요건: 납부세액이 2천만 원 초과, 담보 제공, 기한 내 신청 등의 요건을 충족해야 하며, 연부연납이 허가되면 분납은 불가하다.
- 물납 제도: 현금 납부가 곤란한 경우 부동산·유가증권으로 납부 가능하며, 상속세액 2천만 원 초과·재산 구성 요건 충족·기한 내 신청이 필수다.

5 장

상속재산의 평가

1

상속재산 평가의 원칙과 방법

상속세에 있어 가장 중요한 점은 바로 상속재산의 평가이다. 왜냐하면 상속세는 피상속인에게 귀속되는 모든 재산에 대해 부과하는 세금이기 때문이며, 상속되는 재산 각각에 대해 평가되는 금액에 따라 상속세 계산의 기초가 되는 상속세 과세가액이 결정되기 때문이다. 그러므로 「상증법」에서 규정하고 있는 상속재산의 평가와 관련된 내용을 정확히 이해하는 것이 필요하다.

■ 상속재산의 평가원칙

상속재산의 평가는 상속개시일인 사망일 또는 실종선고일 현재의 시가로 평가한다. 그런데 현실에서 상속재산은 다양하고 어떤 경우에 있어서는 시가를 확인하는 것이 어려울 수 있다. 이렇게 시가를 산정하기 어려운 경우에는 당해 재산의 종류·규모·거래상황 등을 감안하여 규정된 방법에 따라 평가한 가액을 시가로 보게 된다. 여기서 말하는 규정된 방법은 시가로 보기 어려운 경우 법으로 그 평가방법을 정해 놓은 것에 해당되므로 그런 의미에서 '보충적 평가방법'이라고 부른다.

한편 상속재산을 평가하기 위해서는 평가의 기준이 되는 시점과 기간이 명확해야 한다. 그러므로 「상증법」에서는 평가기준일을 상속개시일로 하고 있으며 평가기간을 상속개시일 전후 6개월로 하고 있다.[8]

■ 상속재산의 시가

상속재산의 시가란 '불특정 다수인 사이에 자유로이 거래가 이루어지는 경우에 통상 성립된다고 인정되는 가액'을 말한다. 즉, 특수관계가 없는 제3자와의 정상적인 거래에 기반하며, 누구나 자유로운 거래의사를 갖고 거래가 이뤄지며, 거래되는 가격은 누구든 기꺼이 지불할 수 있는 공정한 가액이 바로 시가인 것이다.

「상증법」에서는 이러한 시가의 개념을 충족하는 거래에서 확인되는 가액을 시가로 보고 있다. 평가기간인 상속개시일 전후 6개월 이내의 기간 중에 제3자간의 매매가격, 감정가격, 수용이나 경매 또는 공매로 확인되는 가격은 객관적으로 확인이 가능하고 공정한 가액에 해당된다고 볼 수 있으므로 시가에 포함하도록 하고 있다.

하지만 상속개시일 전후 6개월 이내에 거래가액, 감정가액 등이

---

8 증여재산의 경우에는 평가기준일(증여일) 전 6개월부터 평가기준일 후 3개월까지로 한다.

있으면 모두 시가로 인정하므로 평가에 있어 용이한 면은 있다. 그러나 상속재산의 거래가 빈번하지 않은 경우가 있을 수 있다. 그럴 경우 평가기간을 경과하면 시가에 부합하는 거래가액이 있어도 이를 시가로 볼 수 없는 문제가 발생한다. 이에 따라 평가기간에 해당하지 아니하는 기간으로서 상속개시일 전 2년 이내의 기간과 평가기간이 경과한 후부터 상속세 법정신고기한 후 9개월까지의 기간(즉, 상속개시일로부터 15개월) 중에 매매 등이 있는 경우에도 상속재산과 면적·위치·용도·종목 및 기준시가가 동일하거나 유사한 다른 재산의 매매 등 가액이 있는 경우로 상속개시일과 매매 계약일 등 시가적용 판단기준일까지 기간 중 주식발행회사의 경영상태, 시간의 경과 및 주위환경의 변화 등을 고려하여 가격변동의 특별한 사정이 없다고 보아 납세자, 세무서장 등이 재산평가심의위원회에 해당 매매 등의 가액에 대한 시가 심의를 신청하는 때에는 위원회의 심의를 거쳐 인정된 해당 매매 등의 가액을 시가로 포함할 수 있다.

■ **시가의 인정범위**

「상증법」상 시가로 인정될 수 있는 경우는 크게 다섯가지로 구분할 수 있다.

첫째, 당해 재산에 대해 매매사실이 있는 경우에는 그 거래가액을 시가로 인정한다. 다만, 특수관계자와의 거래 등 그 거래가액이 객관적으로 부당하다고 인정되는 경우는 제외된다. 또한 거래된 비상장주식의 가액[9]이 액면가액의 합계액으로 계산한 해당 법인의 발행주

---

9 **액면가액의 합계액을 말한다.**

식총액 또는 출자총액의 100분의 1에 해당하는 금액과 3억원 중 적은 금액 미만인 경우에는 제외된다.

둘째, 당해 재산(주식 및 출자지분은 제외함)에 대하여 2 이상의 공신력 있는 감정기관[10]이 평가한 감정가액이 있는 경우에는 그 감정가액의 평균액을 시가로 인정한다. 그러나 해당재산이 기준시가 10억원 이하의 부동산인 경우에는 1 이상의 감정기관의 감정가액도 가능하다. 그러나 감정가액이 아래와 같은 경우에는 시가로 간주되지 않는다.

- 일정한 조건이 충족될 것을 전제로 당해 재산을 평가하는 등 상속세 및 증여세의 납부목적에 적합하지 아니한 감정가액
- 평가기준일 현재 당해재산의 원형대로 감정하지 아니한 경우의 당해 감정가액

감정가액이 기준금액[11]에 미달하거나 평가심의위원회의 심의를 거쳐 그 가액이 부적정하다고 인정되는 경우에는 세무서장이 직권으로 다른 감정기관에 의뢰하여 감정한 가액을 시가로 할 수 있다. 다만, 그 가액이 납세자가 제시한 감정가액보다 낮은 경우에는 당초 감정가액을 시가로 인정한다.

셋째, 당해 재산에 대하여 수용·경매 또는 공매 사실이 있는 경우에는 그 보상가액·경매가액 또는 공매가액을 시가로 인정한다. 다

---

10 「감정평가 및 감정평가사에 관한 법률」 제2조제4호의 감정평가법인 등을 말한다.
11 해당 감정가액이 「상증법」 제61조·제62조·제64조 및 제65조에 따라 평가한 가액(즉, 보충적 평가방법에 의한 가액)과 「상증법」 시행령 제60조 4항에 따른 시가의 100분의 90에 해당하는 가액 중 적은 금액을 말한다.

만, 그 가액이 다음에 해당될 경우에는 시가로 인정되지 않는다.
- 물납한 재산을 상속인 또는 그의 특수관계인이 경매 또는 공매 받은 경우
- 경매 또는 공매로 취득한 비상장주식의 가액[12]이 액면가액의 합계액으로 계산한 해당 법인의 발행주식총액 또는 출자총액의 100분의 1에 해당하는 금액과 3억원 중 적은 금액 미만인 경우
- 경매 또는 공매절차의 개시 후 관련 법령이 정한 바에 따라 수의계약에 의하여 취득하는 경우

넷째, 상속개시일 전 6개월부터 평가기간 내 상속세 신고일까지의 기간 중에 상속재산과 면적·위치·용도·종목 및 기준시가가 동일하거나 유사한 다른 재산에 대한 매매가액·감정가액의 평균액 등이 있는 경우에는 당해 가액을 시가로 인정한다.

다만, 「부동산 가격공시에 관한 법률」에 따른 공동주택가격이 있는 공동주택의 경우에는 평가대상 주택과 동일한 공동주택단지 내에 있고, 주거전용면적의 차이가 평가대상 주택 주거전용면적의 5% 이내이며, 공동주택가격의 차이가 평가대상 주택 공동주택가격의 5% 이내이면 유사재산으로 본다.[13] 그리고 유사재산에 해당하는 공동주택이 둘 이상인 경우에는 평가대상 주택과 공동주택가격 차이가 가장 적은 주택을 말한다.

다섯째, 평가기간에 해당하지 아니하는 기간으로서 상속개시일 전 2년 이내의 기간과 평가기간이 경과한 후부터 상속세 법정신고

---

12 액면가액의 합계액을 말한다.
13 5% 이내 판단 시 적용하는 공동주택가격은 평가기준일(상속개시일) 시점이다.

기한 후 9개월까지의 기간 중에 상속재산과 면적·위치·용도·종목 및 기준시가가 동일하거나 유사한 다른 재산에 대한 매매가액 ·감정가액 등이 있는 경우로서 납세자, 세무서장 등이 재산평가심의위원회에 해당 매매 등의 가액에 대한 시가 심의를 신청하고 위원회에서 시가로 인정한 경우에는 당해 가액을 시가로 인정한다.

■ **상속재산의 평가순위**

지금까지의 내용을 정리하면, 상속재산의 평가액는 다음과 같은 순서에 따라 상속세 과세가액이 결정됨을 알 수 있다.

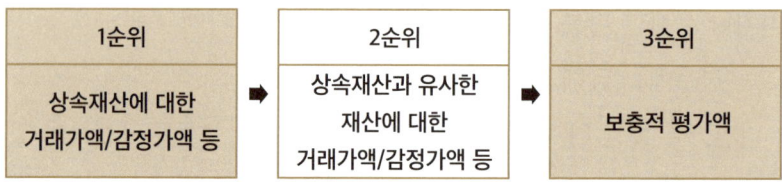

1순위는 객관적으로 확인 가능하며 공정하다고 판단되는 정상적인 거래 가액으로, 거래가액, 감정가액, 보상가액, 경매가액, 공매가액 등이 이에 해당하며 시가로 인정된다. 이러한 거래가액 등은 평가기간, 즉 상속개시일 전후 6개월 내에 이뤄진 매매 등에 따른 것이 원칙이다. 다만, 상속개시일 전 2년 이내의 기간과 이후 15개월 이내의 기간에 이뤄진 매매 등에 따른 거래가액 등이 있더라도 해당 상속재산의 가격변동이 없을 것으로 기대되는 경우에는 시가로 인정될 수 있다.

2순위는 상속재산의 매매 등이 없는 경우로서 상속재산과 동일하거나 유사한 다른 재산에 대한 매매가액이 있는 경우에 시가로 인정된다.

3순위는 상기 1순위 및 2순위에 해당되는 거래가액 등이 확인되지 않을 경우 「상증법」에 규정된 방법에 의해 따른 보충적 평가액이 시가로 인정된다.

■ <절세 point: 감정평가를 활용한 상속재산의 평가>

상속세를 계산할 때 부동산 등 상속재산의 가액은 원칙적으로 시가를 기준으로 평가된다. 이때 시가로 인정되는 기준 중 하나가 감정평가액이며, 이는 유사한 재산의 매매사례가액보다 우선 적용될 수 있다.

예를 들어, 상속개시일 이전 6개월 이내에 유사한 부동산의 거래사례가 있다고 하더라도, 그 거래가액이 일반적인 시장가격에 비해 과도하게 높거나 일시적인 특수 거래로 판단되는 경우에는 감정평가를 통해 보다 적정한 평가가 가능하다.

실제로 「상증법」 시행령은 감정평가법인이 평가한 감정가액을 일정 요건 하에 시가로 인정하고 있다. 이 경우, 상속개시일부터 평가기준일 사이의 기간 내에 2개 이상의 감정평가기관이 평가한 평균값을 기준으로 삼게 된다. 다만, 부동산 가액이 10억 원 이하인 경우에는 1개 기관의 감정가액만으로도 시가로 인정받을 수 있다.

따라서 유사매매가액이 부담스러울 정도로 높게 형성되어 있는 경우라면, 정해진 평가 기간 내 감정평가를 활용하여 감정가액을 기준으로 상속세를 신고하는 것이 더 유리할 수 있다. 이는 특히 부동산 거래가 드문 지역이거나, 거래 편차가 큰 상가·토지 등에 유효한 절세 전략이 될 수 있다.

■ **시가 적용 시 판단기준일**

상속개시일을 기준으로 전후 6개월에 해당하는지 여부는 아래에서 정한 날을 기준으로 결정된다.
- 거래가액: 매매계약일
- 감정가액: 감정가액평가서의 작성일(가격산정기준일과 감정가액평가서 작성일이 모두 평가기간 이내이어야 함)
- 수용·보상·경매가액: 가액 결정일

또한, 시가로 보는 가액이 2 이상인 경우에는 평가기준일로부터 가장 가까운 날에 해당하는 가액을 시가로 본다.

■ **재산평가심의위원회를 통한 시가 인정**

재산평가심의위원회를 통해 매매 등의 가액을 시가를 인정받기 위해서는 상속세 법정신고기한 만료 4개월 전까지 피상속인의 납세지 관할 재산평가심의위원회에 다음의 서류를 첨부하여 서면 및 인터넷(홈택스)를 통해 신청하여야 한다.[14]
- 재산의 매매 등 가액의 시가인정 심의 신청서

---

[14] 서식은 국세법령정보시스템(홈택스 hometax.go.kr > 법령정보 > 별표·서식 > 훈령서식 > 재산) 또는 국세청 누리집(국세청 nts.go.kr > 국세신고안내 > 개인신고안내 > 상속세 > 주요서식)에서 다운받을 수 있다.

- 재산의 매매 등 가액의 시가인정 관련 검토서
- 제1호부터 제2호까지의 규정에 따른 서식의 기재내용을 증명할 수 있는 증거서류

다만 평가기간이 경과한 후부터 상속세 법정신고기한 후 9개월까지의 기간 중에 매매 등이 있는 경우에는 해당 매매 등이 있는 날부터 6개월 이내 피상속인의 납세지 관할 지방국세청장(소득재세과장)에게 서면(방문·우편)으로 신청해야 한다.

핵심정리

- 상속재산 평가는 원칙적으로 상속개시일 현재의 시가를 기준으로 하며, 시가 산정이 어려운 경우에는 법에서 정한 보충적 평가방법을 사용한다.
- 시가는 불특정 다수 간의 정상적인 거래가격을 의미하며, 상속개시일 전후 6개월 내의 거래가액, 감정가액, 수용·경매·공매가액 등이 포함된다.
- 시가 인정 범위에는 ▲실제 거래가액 ▲감정가액 ▲수용·경매·공매가액 ▲유사재산 거래·감정가액 ▲재산평가심의위원회 인정 가액이 있다.
- 평가의 순서는 ①해당 재산의 시가 → ②유사재산 시가 → ③보충적 평가액으로 적용된다.
- 유사매매가액이 과도하게 높을 경우에는 감정평가를 활용해 절세할 수 있으며, 재산평가심의위원회를 통한 시가 인정 제도도 활용 가능하다.

2

부동산의 평가

상속재산의 평가는 평가기준일 현재 시가로 평가하는 것이 원칙이다. 그러나 시가를 산정하기 어려운 경우에는 「상증법」에서 규정하고 있는 재산의 종류별로 규정한 평가방법에 따라 평가하도록 한다. 이러한 보충적 평가는 상속재산이나 유사 재산의 거래가액이 없거나 명확하지 않아 시가 산정이 어려울 때 한정적으로 사용하는 평가방식이다.

부동산에 대한 평가는 그 유형에 따라 평가 방식이 달라진다.

부동산 유형	평가방법
토지	「부동산 가격공시에 관한 법률」에 의한 개별공시지가로 평가
주택	「부동산 가격공시에 관한 법률」에 의한 개별주택가격 및 공동주택가격으로 평가

부동산 유형	평가방법
일반건물	일반건물은 신축가격기준액·구조·용도·위치·신축연도·개별건물의 특성 등을 참작하여 매년1회 이상 국세청장이 산정·고시하는 가액으로 평가 * 국세청 건물 기준시가 계산방법 고시
오피스텔 및 상업용 건물	- 국세청장이 지정하는 지역에 소재하면서 국세청장이 토지와 건물에 대하여 일괄하여 산정·고시한 가액이 있는 경우 그 고시한 가액으로 평가 - 국세청장이 일괄하여 산정·고시한 가액이 없는 경우에는 토지와 건물을 별도로 평가한 가액으로 평가 * 오피스텔 및 상업용건물에 대한 기준시가 고시
임대차계약이 체결된 재산	사실상 임대차 계약이 체결되거나, 임차권이 등기된 부동산일 경우: 토지 또는 건물의 보충적 평가가액과 임대보증금 환산가액을 비교하여 큰 금액으로 평가 MAX(보충적 평가가액, 임대보증금 환산가액)

■ 토지의 평가

토지는 「부동산 가격공시에 관한 법률」에 따라 국토교통부장관이 매년 1월 1일을 가격산정 기준일로 하여 고시하는 개별공시지가에 따라 평가한다. 개별공시지가는 평가기준일(상속개시일) 현재 고시되어 있는 개별공시지가를 적용하면 된다.

신규 등록된 토지, 분할·합병된 토지, 지목이 형질 또는 용도 변경으로 지목이 변경된 토지, 개별공시지가 고시가 누락된 토지 등은 개별공시지가가 없는 경우가 있다. 이런 경우 납세지 관할 세무서장은 해당 토지와 유사한 지목과 이용 상황을 가진 인근 토지를 표준지로 삼아 「부동산 가격공시에 관한 법률」의 토지가격비준표를 적용해 평가한다. 또한 지방세법에 따라 시장·군수가 산정한 가액이나 두 곳 이상의 감정기관이 산출한 감정가의 평균을 평가가액으로 삼을 수도 있다.

■ 주택의 평가

주택은 「부동산 가격공시에 관한 법률」에 따른 개별주택가격 및 공동주택가격으로 평가한다. 다만, 공동주택가격의 경우에는 국세청장이 국토교통부장관과 협의하여 공동주택가격(아파트 및 건축연면적 165㎡ 이상의 연립주택)을 별도 결정·고시한 공동주택가격이 있는 때에는 그 가격에 따른다.

개별주택가격 및 공동주택가격이 없거나 주택가격 공시 후 대수선 또는 리모델링이 있는 주택의 가격은 토지의 경우와 동일한 방식이다. 즉, 인근 유사주택을 표준주택으로 보고 「부동산 가격공시에 관한 법률」에 따른 주택가격비준표에 따라 납세지 관할세무서장이 평가하거나, 지방세법에 따라 시장·군수가 산정한 가액 또는 2 이상의 감정기관에 의뢰하여 감정한 가액을 고려하여 납세지 관할세무서장이 평가한 가액으로 한다.

■ 일반건물의 평가

일반건물은 신축가격기준액, 구조, 용도, 위치, 신축연도, 개별건물의 특성 등을 참작하여 매년 1회 이상 국세청장이 산정·고시하는 가액으로 평가한다.

국세청은 상업용 건물과 일반주택의 기준시가를 통합해 공시하고 있다. 현재는 공공업무시설, 발전시설, 교정시설, 군사시설을 제외한 전국의 모든 건물(무허가 건물 포함)에 일반건물 기준시가가 적용된다. 반면 아파트를 비롯한 공동주택, 개별주택, 상업용 건물, 오피스텔처럼 토지와 건물의 가액을 함께 산정·공시하는 건물은 해당 기준시가를 따른다. 주택과 오피스텔, 상업용 건물의 기준시가는 토지가액을 포함하지만 일반건물 기준시가는 토지가액을 제외한 건물가액이라는 점을 유념해야 한다.

■ **오피스텔 및 상업용 건물의 평가**

오피스텔 및 상업용 건물은 국세청장이 지정하는 지역에 소재하면서 국세청장이 토지와 건물에 대하여 일괄하여 산정·고시한 가액이 있는 경우 그 고시한 가액으로 평가한다. 구체적으로는 건물에 부수되는 토지를 공유로 하고 건물을 구분 소유하는 것으로서 건물의 용도·면적 및 구분 소유하는 건물의 수 등을 감안하여 국세청장이 지정하는 오피스텔 및 상업용 건물(이들에 부수되는 토지)에 대해서 건물의 종류·규모·거래상황·위치 등을 참작하여 매년 1회 이상 국세청장이 토지와 건물에 대하여 일괄하여 산정·고시한 ㎡당 가액으로 평가한다.

고시대상은 수도권(서울, 경기, 인천)과 5대 광역시(대전, 광주, 대구, 부산, 울산) 및 세종시에 소재하는 구분 소유된 오피스켈과 일정 규모(판매 및 영업시설 등의 면적이 3,000㎡ 또는 100호) 이상인 상업용 건물이다. 국세청장이 별도로 기준시가를 공시하지 않는 오피스텔 등은 일반건물 기준시가나 신축가격기준액을 기준으로 평가된다.

■ 임대차 계약이 체결된 재산의 평가

평가기준일 현재 시가에 해당하는 가액이 없는 경우로서, 사실상 임대차 계약이 체결되거나, 임차권이 등기된 부동산은 평가금액(토지 또는 건물 평가액)과 임대료 환산가액을 토지와 건물별로 비교하여 큰 금액으로 평가한다.

토지 또는 건물 평가액은 토지의 개별공시지가 또는 건물의 기준시가를 말한다. 그리고 임대료 환산가액은 1년간 임대료를 환산율(12%)로 나눈 금액에 임대보증금을 합계한 금액(토지와 건물의 기준시가로 안분한 금액을 말함)을 말한다. '1년간 임대료 합계액'은 평가기준일이 속하는 월의 임대료에 12월을 곱하여 계산한다.

핵심정리

- 부동산 평가는 원칙적으로 상속개시일 현재의 시가로 하며, 시가 산정이 어려운 경우 「상증법」이 정한 보충적 평가방법을 따른다.
- 토지는 개별공시지가, 주택은 개별주택가격·공동주택가격, 일반건물은 국세청이 고시하는 기준시가로 평가한다.
- 오피스텔 및 상업용 건물은 국세청이 일괄 산정·고시한 가액이 있으면 그 가액을, 없으면 토지와 건물을 별도로 평가한 금액을 적용한다.
- 공시가격이 없거나 리모델링 등으로 가격이 변동된 경우에는 인근 유사 재산 가격, 지방세법 기준가액, 감정가액 등을 활용한다.
- 임대차 계약이 체결된 부동산은 토지·건물의 평가액과 임대보증금 환산가액 중 큰 금액을 기준으로 평가한다.

3

주식에 대한 평가

주식(출자지분 포함)에 대한 시가 평가는 주식 유형에 따라 평가방법이 상이하다.

주식 유형	평가방법
상장주식	상속개시일 이전·이후 각2월간에 공표된 매일의 최종시세가액(거래실적의 유무를 불문함)의 평균액으로 평가
유가증권시장 상장 추진 중인 주식	아래 평가가액 중 큰 금액으로 평가한 가액을 시가로 보아 평가 - 자본시장과 금융투자업에 관한 법률에 따라 금융위원회가 정하는 기준에 따라 결정된 공모가격 - 코스닥시장 상장법인 주식 등의 평가방법에 따라서 평가한 해당 주식 등의 가액(그 가액이 없으면 비상장주식 평가규정에 따른 평가액)

주식 유형	평가방법
코스닥시장 상장 추진 중인 주식	아래 평가가액 중 큰 금액으로 평가한 가액을 시가로 보아 평가 - 자본시장과 금융투자업에 관한 법률에 따라 금융위원회가 정하는 기준에 따라 결정된 공모가격 - 비상장주식 평가규정에 따른 평가액
비상장주식	상속개시일 전후6월 이내에 불특정다수인 사이의 객관적 교환가치를 반영한 거래가액 또는 경매·공매가액이 확인되는 경우 이를 시가로 보아 평가 * 비상장주식의 감정가액은 시가로 인정되지 않음. 단, 가중평균한 가액이1주당 순자산가치의100분의80보다 낮은 경우에는 1주당 순자산 가치에 100분의80을 곱한 금액으로 합니다.

■ 상장주식의 평가

　유가증권 시장이나 코스닥시장에서 거래되는 상장주식은 평가기준일(상속개시일) 이전·이후 2개월 동안 공표된 매일의 거래소 최종시세가액의 평균액으로 평가한다. 평가기준일 이전·이후 2개월, 즉 4개월을 평가기간으로 하여 시세의 평균액을 시가로 보는 이유는 첫째, 평가기준일 하루만을 기준으로 평가함에 따른 각종 혼란과 문제를 해결하고, 둘째, 평가의 안정성과 객관성을 높이고 주식의 내재적인 가치를 평가함에 있어 적절한 기간으로 보고 있기 때문이다. 주의할 점은 상속받은 상장주식을 평가기간 내에 매도하였더라도 상속재산 평가 시 해당 매매가액이 시가로 인정되지 않는다.

　평가방법에 있어서는 평가기준일 전후의 기간이 4월에 미달하는 경우에는 동 기간에 대한 최종시세가액의 평균액을 적용한다. 평가

기준일이 공휴일, 매매거래정지일, 납회기간 등인 경우에는 그 전일을 기준으로 평균액을 계산한다.

증자나 합병 등의 사유로 평가기준일 이전·이후 2개월 중에 신주가 발행되는 경우에는 주가의 변동이 발생한다. 이러한 점을 고려하여 평가기준일 현재 주식과 동일한 상태의 주식에 대한 최종시세가액 평균액을 적용할 필요가 있다. 따라서 증자 등의 사유가 발생한 일자에 따라 평가기간을 조정해서 평가한다.

평가 기준일 전후 2개월 내에 한국거래소 기준에 따라 거래가 정지되거나 관리종목으로 지정된 기간이 일부라도 포함된 주식은 보충적 평가방법으로 산정한다. 다만 시가가 적정하게 반영되어 정상적인 거래가 이루어진 경우는 예외로 한다.

■ 유가증권시장 상장 추진 중인 주식의 평가

상장을 추진 중인 주식은 아직 거래소에 상장되지 않았기 때문에 비상장주식으로 분류되지만, 공모가액을 통해 시가가 확인되므로 일반적인 비상장주식과는 별도로 평가된다.

기업공개를 목적으로 금융위원회에 유가증권신고를 한 법인의 주식에 대해서는 해당 법인의 사업성, 거래상황 등을 고려하여 상장 추진 중인 코스닥시장 상장주식 및 비상장주식 평가금액을 공모가격과 비교하여 큰 금액으로 평가한다.

■ 코스닥시장 상장 추진 중인 주식의 평가

비상장주식을 코스닥시장에 상장하기 위해 유가증권시고를 한 법인의 주식에 대해서는 비상장주식 평가금액을 공모가격과 비교하여 큰 금액으로 평가한다.

한편, 미상장주식이란 한국거래소에 상장되어 있는 법인의 주식 중 해당 법인의 증자로 인해 취득한 새로운 주식으로서 평가기준일 현재 상장되지 아니한 주식을 말한다. 이러한 미상장주식은 한국거래소에 상장되어 있는 해당 법인의 주식에 대한 평가기준일 이전·이후 2개월 간의 한국거래소의 최종시세가액의 평균액에서 기획재정부령이 정하는 배당차액을 뺀 가액으로 평가한다.

■ **비상장주식의 평가**

한국거래소에서 거래되지 아니하는 주식을 비상장주식이라고 한다. 비상장주식은 부동산 등과 마찬가지로 시가가 확인되는 경우에는 시가로 평가할 수 있다. 다만, 비상장주식의 감정가액은 시가로 인정되지 않는다.

시가 산정이 어려운 비상장주식은 1주당 순손익가치와 순자산가치를 각각 3:2의 비율로 가중평균한 금액과 순자산가치의 80% 중 더 높은 값을 기준으로 평가하는 방식이 적용된다.

1주당 평가액 = (1주당 순손익가치 × 3 + 1주당 순자산가치 × 2) ÷ 5

부동산과다보유법인(자산가액 중 부동산 및 부동산에 관한 권리의 가액이 50% 이상인 법인)은 1주당 평가액 산정 시 순손익가치와 순자산가치를 각각 2와 3의 비율로 가중평균한 가액으로 평가한다.

청산법인 또는 휴·폐업법인이거나 계속하여 결손이 발생하는 등 경상적인 순손익가치를 측정하기 곤란한 다음의 법인에 대하여는 순자산가치로만 평가한다.

- 상속세 법정신고기한 내에 청산, 사업자 사망 등으로 계속 사업이 곤란한 법인
- 사업개시 전 법인, 사업개시 후 3년 미만이거나 휴·폐업 중인 법인
- 법인의 자산총액 중 부동산 등의 가액의 합계액이 차지하는 비율이 80% 이상인 법인
- 법인의 자산총액 중 주식 등의 가액의 합계액이 차지하는 비율이 80% 이상인 법인
- 정관에 존속기한이 확정된 법인으로서 평가기준일 현재 잔여 존속기한이 3년 이내인 법인

순손익가치와 순자산가치의 평가방법은 다음과 같다.

순손익가치는 기업이 계속 운영된다는 전제하에 미래의 수익 창출 능력을 평가하는 개념이다. 따라서 미래 수익력을 화폐가치로 측정하고 그 현재가치를 평가하는 방법이 개념적으로 우수하다. 그러나 현실적으로 이러한 측정방법은 어려우므로 「상증법」에서는 과거 3년간의 순손익액의 가중평균액을 3년 만기 회사채 유통수익률을 고려한 이자율에 따라 1주당 순손익가치를 산정하도록 하고 있다.

1주당 순손익가치 = 1주당 최근 3년간 순손익액의 가중평균액 ÷ 기획재정부령이 정하는 이자율(10%)

주당 최근 3년간 순손익액의 가중평균액의 계산방법은 다음과 같이 가중평균하여 산정하며, 각 사업연도 별로 산정한 1주당 순손액 중 (-)가 발생한 사업연도가 있는 경우 해당 사업연도의 순손익액을 "0"으로 보지 않고 (-) 그대로 계산한다.

$$\frac{(평가기준일\ 직전\ 1년간의\ 1주당\ 순손익액 \times 3) + (평가기준일\ 직전\ 2년간의\ 1주당\ 순손익액 \times 2) + (평가기준일\ 직전\ 3년간의\ 1주당\ 순손익액 \times 1)}{6}$$

순자산가치는 법인이 청산한다면 자산에서 부채를 지급하고 남은 잔여재산을 측정하는 개념이다. 1주당 순자산가치는 평가기준일 현재 가결산을 통해 비상장법인의 자산총액에서 부채총액을 차감한 순자산가액을 발행주식 총수로 나누어 계산한다. 순자산가치가 0원 이하인 경우에는 0원으로 평가한다.

1주당 순자산가치 = 평가기준일 현재 당해 법인의 순자산가액 ÷ 평가기준일 현재의 발행주식 총수

순자산가액은 평가기준일 현재 해당 법인의 자산총액에서 부채총

액을 뺀 후 영업권 평가액을 더한 금액을 의미한다. 자산은 평가기준일의 시가를 기준으로 평가하며, 시가를 확인하기 어려울 경우 보충적 평가방법을 적용한다. 이때 산출된 금액이 장부가액보다 낮으면 장부가액으로 평가한다.

최대주주 및 그와 특수관계에 있는 주주의 주식·출자지분에 대해서는 그 평가액에 20%를 가산하되, 중소기업 주식에 한해서는 상속·증여받는 경우 최대주주라도 주식가액 평가시 할증평가하지 않는다.

■ **재산평가심의위원회를 통한 비상장주식 평가**

비상장주식을 보충적 평가방법에 따라 평가한 가액이 불합리한 경우 다음의 어느 하나에 해당하는 방법으로 피상속인의 납세지 관할 재산평가심의위원회에 상속세 법정신고기한 만료 4개월 전까지 해당 비상장주식의 평가를 신청할 수 있다. 다만, 납세자가 평가한 가액이 보충적 평가방법에 따른 주식평가액의 100분의 70에서 100분의 130까지의 범위안의 가액인 경우로 한정된다.

- 해당법인의 자산·매출액 규모 및 사업의 영위기간을 고려하여 같은 업종을 영위하고 있는 다른 법인의 주식가액을 이용하여 평가하는 방법
- 향후 기업에 유입될 것으로 예상되는 현금 흐름에 일정한 할인율을 적용하여 평가하는 방법
- 향후 주주가 받을 것으로 예상되는 배당수익에 일정한 할인율을 적용하여 평가하는 방법

- 그 밖에 제1호부터 제3호까지의 규정에 준하는 방법으로서 일반적으로 공정하고 타당한 것으로 인정되는 방법

핵심정리

- 상장주식은 상속개시일 전후 2개월씩, 총 4개월간의 일별 최종시세가액 평균으로 평가한다.
- 상장 추진 중인 주식은 공모가격과 비상장주식 평가액(또는 코스닥 상장 평가액) 중 큰 금액으로 평가한다.
- 비상장주식은 시가가 있으면 거래가액 등으로 평가하되, 없으면 1주당 순손익가치와 순자산가치를 3:2로 가중평균한 금액과 순자산가치의 80% 중 큰 금액으로 산정한다.
- 특수 유형 법인(부동산과다보유법인, 청산·휴폐업법인 등)은 순자산가치만으로 평가하며, 최대주주 및 특수관계인은 원칙적으로 20% 할증평가가 적용된다.
- 평가가 불합리하다고 인정되면 재산평가심의위원회에 기업가치평가(현금흐름법, 배당가치법, 비교회사법 등)를 신청할 수 있다.

4

저당권 등이 설정된 재산의 평가

저당권 등이 설정된 재산이란 저당권 또는 질권이 설정된 재산, 양도담보재산, 전세권이 등기된 재산(임대보증금을 받고 임대한 재산을 포함), 위탁자의 채무이행을 담보할 목적으로 일정 신탁계약을 체결한 자산을 말한다.

- 저당권·근저당권·질권
- 양도담보에 제공된 재산
- 전세권이 등기된 부동산
- 임대보증금을 수령한 임대차계약 대상 부동산
- 채무이행을 담보하기 위한 담보신탁재산 등

저당권 등이 설정된 재산은 별도의 평가 특례 규정에 따라 산정된다. 이러한 특례는 담보채권액이 일반적으로 시가를 초과할 수는 없지만 기준시가보다 높게 나타날 가능성이 있다는 점에서, 실제 시가에 가까운 금액으로 평가하기 위한 취지다. 이때 담보채권액은 채권최고액이 아니라 평가기준일 기준으로 남아 있는 채권 잔액의 합계를 의미한다.

저당권 등이 설정된 재산의 평가는 시가 또는 보충적 평가방법에 따라 평가한 가액과 다음의 규정에 의한 평가액 중 큰 금액을 평가가액으로 한다.

- 저당권이 설정된 재산의 가액: 당해 재산이 담보하는 채권액
- 공동저당권이 설정된 재산의 가액: 당해 재산이 담보하는 채권액을 공동저당된 재산의 평가기준일 현재의 가액으로 안분하여 계산한 가액
- 근저당권이 설정된 재산의 가액: 평가기준일 현재 당해 재산이 담보하는 채권액
- 질권이 설정된 재산 및 양도담보재산의 가액: 당해 재산이 담보하는 채권액
- 전세권이 등기된 재산의 가액: 등기된 전세금(임대보증금을 받고 임대한 경우에는 임대보증금)
- 담보신탁이 설정된 재산: 신탁계약 또는 수익증권에 따른 우선수익자인 채권자의 수익 한도금액

요약하면 저당권 등이 설정된 재산은 두 가지 방법 중 더 큰 금액으로 평가한다.

① 일반적인 평가방법(시가 또는 보충적 평가방법)
② 당해 재산이 담보하는 채권액

따라서 기준시가보다 담보채권액이 높은 경우, 담보채권액 기준으로 평가되어 과세가액이 커질 수 있다.

핵심정리

- 저당권·질권·양도담보·전세권·담보신탁 등 담보가 설정된 재산은 일반 재산과 달리 특례 규정에 따라 평가된다.
- 평가는 ①시가 또는 보충적 평가액, ②담보채권액 중 큰 금액으로 결정된다.
- 담보채권액은 채권최고액이 아닌 평가기준일 현재 남아 있는 채권잔액을 기준으로 산정한다. 따라서 기준시가보다 담보채권액이 높은 경우, 담보채권액을 기준으로 평가되어 상속세 과세가액이 더 커질 수 있다.

5

기타 재산의 평가

상속재산 가운데 부동산과 주식이 차지하는 비중은 상당하며, 세법에서도 이들 자산을 대상으로 별도의 평가 규정을 두어 정밀하게 규율한다. 그러나 상속세 과세 대상은 여기에 국한되지 않고, 재산으로 인정되는 거의 모든 유형·무형의 가치를 포괄한다. 그럼에도 불구하고 실무에서는 특정 자산이 과소평가되거나 누락되는 사례가 여전히 발생한다.

5.1. 가상자산(암호화폐 등)

최근 몇 년간 빠르게 확산된 비트코인, 이더리움 등의 가상자산은 대표적인 신유형 자산이다. 상속세법에서도 2021년부터 가상자산을 평가대상 자산으로 명시하고 있다. 가상자산은 「가상자산 이용자 보호 등에 관한 법률」에 따라 정의되며, 상속세법상 평가는 상속개시일 전후 1개월간의 일평균가액 평균치를 시가로 간주한다. 이 평가액은 국세청장이 고시하는 가상자산사업자가 공시한 가격을 기준으로 하며, 고시된 사업자가 없는 경우에는 해당 거래소의 자체 공시가액 등을 활용한다.

가상자산은 가격 변동성이 크다는 점이 가장 두드러진 특징이다. 평가일 기준 불과 하루 차이로도 시세가 수천만 원 변동할 수 있으므로, 상속인과 세무대리인 모두 평가 시점을 신중히 검토해야 한다. 특히 고인이 보유한 지갑의 존재를 파악하지 못해 상속재산에서 누락되는 사례가 발생할 수 있으므로 자산 확인 단계에서 각별한 주의가 요구된다.

5.2. 신탁의 수익권

신탁재산 자체는 고인의 소유가 아니더라도, 신탁으로부터 발생하는 수익을 받을 권리(신탁수익권)는 상속세 과세대상에 해당한다. 신탁의 수익권 평가는 귀속 방식에 따라 달라진다.

만약 신탁의 원본과 수익이 동일한 상속인에게 귀속된다면, 해당 신탁재산 전체의 평가가액이 상속재산으로 포함된다. 반면, 원본은 타인에게 귀속되고 수익만 특정기간 동안 상속인에게 귀속되는 경우라면, 상속인이 받게 될 미래 수익을 현재가치로 환산해 과세하게 된다.

신탁계약서의 조건을 정확히 확인하고 수익권이 설정된 기간, 배분 방식, 지급시기 등을 파악해야 정확한 평가가 가능하다. 신탁 관련 상속세 누락은 고액 자산가에게서 자주 발생하는 오류 중 하나다.

5.3. 예술품·서화·골동품

고인이 수집하던 고미술품이나 유명 작가의 그림, 서화, 골동품도 상속세 평가대상이다. 이들 예술자산은 정형화된 시장가격이 존재하지 않아 감정기관의 감정가액을 기준으로 평가하게 된다. 상속세법상 10억 원 이하의 예술품은 1개, 그 이상은 2개 이상의 감정기관이 감정한 가액의 평균을 시가로 인정한다.

국세청이 위촉한 감정평가 결과가 감정기관과의 평균가액보다 50% 이상 차이가 날 경우에는 국세청의 감정가액을 적용한다. 실무적으로는 고가 미술품을 예외로 하고 대부분은 세액 산정 시 보수적으로 감정하는 경향이 있다.

5.4. 재고자산

피상속인이 중소기업을 운영하거나 자영업자였다면, 사업체의 상품·제품·재공품·원재료 등 재고자산은 상속세 과세 평가 항목에 포함된다. 이들 재고는 통상 처분 가능 가격을 기준으로 평가하지만, 객관적인 산정이 어렵다면 장부상의 가액을 적용한다.

재고자산이 많을수록 기업가치는 높아지며, 이에 따라 상속세 부담도 커질 수 있다. 특히 세무신고 시 매출원가 조정을 위한 재고감소가 있었더라도, 세법상으로는 존재하는 자산으로 간주될 수 있으므로, 정확한 실사와 문서화가 중요하다.

5.5. 동물, 가축, 경주마 등

혈통 있는 반려견, 경주마, 가축 등 경제적 가치가 있는 동물 역시 상속세 과세 평가 항목에 포함된다. 상속세법은 이들을 유형자산으로 분류하고, 유사자산의 거래사례 등을 근거로 가액을 산정하도록 규정한다.

예를 들어, 경주마의 경우, 과거 수상 경력이나 교배료 수익 등이 미래 수익에 영향을 미치므로 단순 구입가가 아닌 시장가격 또는 수익환원법을 반영하는 경우가 있다. 애완동물이라도 보험가입, 의료 기록, 공시가액이 확인되는 경우 과세 대상이 될 수 있다.

5.6. 조건부 권리·소송 중 권리

상속 개시일에 소송이 진행 중인 권리나 특정 조건이 충족될 때만 효력이 발생하는 조건부 권리도 상속세 평가에 포함된다. 예를 들어, 상속인이 제기한 손해배상 청구권이나 아직 청구되지 않은 로열티 수익 등은 모두 과세 대상이 될 수 있다. 이러한 권리는 실현 가능성, 존속 기간, 유사 거래 사례 등을 고려해 적정한 가액으로 산정한다. 이런 자산은 나중에 과세 여부를 둘러싼 분쟁으로 이어질 가능성이 있으므로, 상속세 신고 시 충분한 설명 자료와 보충 서류를 함께 제출하는 것이 권장된다.

상속세 평가 대상은 일반적으로 떠올리는 부동산과 주식에 한정되지 않는다. 세법은 물리적 실체가 없어도 경제적 가치가 있는 권리를 상속재산으로 보고 다양한 평가 규정을 두고 있다. 따라서 상속재산 목록을 작성할 때는 겉으로 드러나지 않거나 고인의 관심사와 관련된 특수자산, 예를 들어, 가상자산, 수익권, 예술품까지도 빠짐없이 조사하는 것이 필요하다. 이러한 항목은 누락 시 세무조사에서 문제로 지적될 수 있고, 반대로 정확히 신고하면 세액 절감의 근거가 될 수 있다.

핵심정리

- **가상자산**: 비트코인·이더리움 등은 상속개시일 전후 1개월 평균가액으로 평가하며, 가격 변동성이 크고 누락 위험이 높아 철저한 확인이 필요하다.
- **신탁수익권**: 신탁 원본·수익 귀속 방식에 따라 전액 또는 미래수익의 현재가치로 평가되며, 계약조건 확인이 핵심이다.
- **예술품·골동품**: 감정가액으로 평가하며, 10억 원 이하 1개 기관, 초과 시 2개 기관 평균가액을 적용한다.
- **재고자산 및 동물**: 기업 재고자산은 처분 가능가액(또는 장부가)으로, 경주마·가축 등은 시장가나 수익환원법을 기준으로 평가한다.
- **조건부 권리·소송 중 권리**: 손해배상청구권·로열티 등은 실현 가능성과 유사 사례를 반영해 평가하며, 분쟁 예방 위해 보충자료 제출이 필요하다.

2부

상속세 실전편

INHERITANCE FAVORS THE PREPARED

6장

상속재산,
무엇이 과세되고
어떻게 평가되나

1

부동산 평가와 과세 방식

"아버지가 남기신 집을 동생과 나눠 상속하기로 했는데, 상속세 계산에서 공시가격이 아니라 시가를 기준으로 한다고 들었어요. 정확히 어떤 의미인지 잘 모르겠어요."

　상속재산 중 가장 큰 비중을 차지하는 자산은 단연 부동산이다. 아파트를 비롯해 단독주택, 상가, 토지 등 다양한 형태의 부동산은 상속재산의 핵심을 이루며, 상속세의 규모를 결정짓는 주요 요소다. 하지만 부동산에 대한 상속세는 단순히 등기부에 기재된 금액이나 공시지가로 계산하지 않는다. 세법상 상속세는 '시가'를 기준으로 과세되며, 그 산정 방식과 적용 절차를 정확히 이해하지 못하면 예상보다 많은 세금을 내거나, 반대로 과소 신고로 인해 가산세까지 부과될 수 있어 주의가 필요하다.

1.1. 시가주의: 부동산 평가의 기본 원칙

상속세는 상속개시일 현재의 재산 가치를 기준으로 평가하며, 원칙적으로 '시가'를 적용한다. 여기서 말하는 시가는 단순한 공시가격이 아니라 자유로운 시장에서 일반인이 정상적으로 형성한 거래 가격을 의미한다.[15]

1.2. 부동산 종류별 평가 방식

부동산은 유형에 따라 시가를 산정하는 방식이 달라진다. 아래에서는 각 부동산 종류별 평가 기준과 실무에서 주의해야 할 점을 살펴본다.

부동산 종류	평가 방식	실무 유의사항
아파트	실거래가, 국토부 실거래가, 감정평가	실거래 없을 경우 감정평가 필요
단독주택·상가	공시가격, 감정평가	감정평가법인 2곳 이상 권장
토지	개별공시지가, 유사 거래사례, 감정가	용도별 공시지가 차이 주의

---

15 시가에 대한 자세한 내용은 본서 이론편 5장 상속재산의 평가를 참조하기 바란다.

부동산 종류	평가 방식	실무 유의사항
입주권·재건축권리	실거래가, 감정평가	권리금·추가 분담금 포함 여부 확인
분양권	실거래가, 계약서상 프리미엄 포함	계약금만 납부해도 평가 대상

특히 입주권이나 분양권은 단순 계약 단계에 있더라도 교환 가치가 있다면 과세 대상이 된다. 잔금 납부 여부와 관계없이 프리미엄이 형성되었다면 상속재산에 포함된다.

□ **사례1: 실거래 없는 아파트 평가**

서울 잠실동 아파트를 보유하던 A씨는 사망 당시 84㎡ 아파트를 남겼다. 해당 단지는 상속일 전후 6개월간 실거래가 없었고, 공시가격은 9억 원, 국토부 실거래가 평균은 15억 원이었다. 상속인들은 감정평가법인 두 곳에 의뢰하여 평균 14.8억 원의 평가서를 받아 이를 시가로 보고 신고했다.

→ 실거래가가 없거나 비슷한 거래 사례를 찾기 어려울 때는 감정평가를 통해 시가를 산정하는 것이 가장 안전하다. 다만 감정가가 공시가격의 1.5배를 넘으면 과세 당국이 보정을 요구할 가능성이 있으므로 주의가 필요하다.

□ **사례2: 공동상속 후 지분 이전 시 과세 문제**

A씨가 사망한 뒤 두 자녀가 아파트를 공동으로 상속받았다.

이후 장남이 자신의 지분을 동생에게 넘기면서 아파트는 단독 소유로 등기 이전되었다. 이 지분 양도는 상속 후의 별도 거래로 간주돼 양도소득세 과세 대상이 되었으며, 세액은 상속 시점이 아닌 이전 시점의 시가를 기준으로 산정되었다.

→ 상속 후 지분 정리는 의외의 양도세 부담을 초래할 수 있으므로 미리 계획하는 것이 필요하다.

1.3. 부동산 관련 공제 항목

상속재산이 부동산일 때는 세 부담을 줄이기 위해 다양한 공제 항목이 적용되는데, 대표적으로는 다음과 같다.

공제 항목	요건	최대공제금액
동거주택상속공제	10년 이상 동거 및 실거주 입증	최대 6억 원
일괄공제	공동상속일 경우 일괄 적용	5억 원
배우자공제	배우자 상속분 범위 내 공제	최대 30억 원

※ 동거주택상속공제는 주민등록 외에도 전기요금, 가스요금, 의료기록 등 실거주 증빙이 필요하다.

1.4. 기타 주의사항

감정평가를 활용해 시가를 산정하는 경우, 아래 조건을 충족하면 과세당국에서 이를 인정할 가능성이 높다. 다만 실제 거래가 존재하는 경우에는 감정평가액보다 실거래가가 우선 적용된다.

- 감정평가법인 두 곳 이상에서 평가한 금액의 평균을 사용할 것
- 평가 기준일이 상속일 전후 6개월 이내일 것
- 실거래 사례가 없어 감정평가가 불가피함을 입증할 것

피상속인이 사망하기 전 10년 동안 상속인에게 증여된 부동산은 상속세 과세가액에 포함된다. 이미 낸 증여세는 공제되지만, 고액 증여가 있었다면 상속세 부담이 추가로 발생할 수 있으므로 생전 증여도 10년 이내라면 상속세 대상이 된다는 점을 주의해야 한다.

핵심정리

- 상속세를 계산할 때 부동산의 가치는 공시가격이 아니라 시가를 기준으로 산정하는 것이 일반적인 원칙이다.
- 부동산의 실제 거래가 확인되지 않으면 세법에서는 유사한 거래사례를 먼저 참조하고, 필요 시 감정평가액과 공시가격을 순서대로 적용하여 가액을 평가한다.
- 분양권, 입주권 등도 교환가치가 있다면 과세 대상이다.
- 상속 후 지분 이전은 양도세 또는 증여세로 이어질 수 있으므로 주의가 필요하다.
- 상속인이 일정 기간 피상속인과 함께 거주한 경우 동거주택상속공제를 비롯한 다양한 공제를 적용할 수 있으며, 이 요건을 충족하면 상속세를 상당 부분 줄일 수 있다.
- 피상속인이 사망하기 전 10년 이내에 자녀 등에게 부동산을 증여했다면, 그 재산은 상속재산에 합산되어 상속세가 부과된다.

2

예금·주식 등 금융자산의 평가와 과세 방식

"부모님의 자금이 제 명의 통장을 통해 운용되었는데, 이런 예금도 상속재산으로 보나요?"

"주식은 시세가 매일 바뀌는데, 상속세를 계산할 때는 어느 날의 가격을 기준으로 하나요?"

금융자산은 상속재산 중에서도 실질 귀속자를 판단하는 데 가장 논란이 많은 분야이다. 예금, 주식, 펀드, 보험 등은 단순히 명의나 잔액만으로 과세 여부를 결정하기 어려우며, 특히 실소유자와 명의자가 다를 경우 상속세 누락으로 이어질 가능성이 높다. 이러한 특성 때문에 국세청은 금융자산을 상속세 조사에서 집중적으로 검토하는 항목으로 분류하고 있다.

2.1. 금융자산의 범위와 과세 원칙

상속세 과세 대상인 금융자산은 피상속인이 생전에 가진 각종 현금성 자산과 금융상품을 포함하며, 원화·외화 예금, 상장주식과 비상장주식, 펀드, 보험, 채권, CMA, 어음, 지급청구권 등이 그 범위에 속한다.

이러한 금융자산은 기본적으로 상속일 당시의 잔액이나 시가를 기준으로 평가한다. 상속일은 통상 피상속인의 사망일을 의미하며, 금융기관의 잔고증명서와 증권사의 주식 평균가 산정이 평가의 기준 자료가 된다.

2.2. 예금·적금의 상속 처리

예금과 적금은 사망일 현재의 잔액과 미지급 이자를 합산해 평가한다. 실무상 문제가 되는 부분은 자녀 명의 통장, 공동 명의 계좌 등에서 실질적 소유권이 누구에게 있었는지이다.

핵심 원칙은 '명의보다 실질'이다. 만약 피상속인이 자녀 명의 계좌에 자금을 예치해 놓고 이를 직접 운용해 왔다면, 세법상 해당 자금은 명의와 무관하게 피상속인의 실질 소유로 간주된다. 이러한 자산은 상속재산에 합산되며, 국세청은 이를 '명의신탁 추정 자산'으로 분류해 과세하고 필요하면 가산세까지 부과한다.

실무적으로는 상속 개시일 전 1년간 고액 인출, 타인 명의 계좌로의 이체, 반복적 입출금 패턴 등을 통해 실질 소유자를 분석한다.

2.3. 상장주식의 평가 기준

상장주식은 시세가 매일 변동되기 때문에 특정일의 종가만으로 평가할 경우 형평성 문제가 발생할 수 있다. 이에 따라 상속일 전 2개월, 상속일, 상속일 후 2개월 등 총 4개월간의 일별 종가 평균을 평가가액으로 삼도록 하고 있다.

주식 평가는 해당 기간 중 실제 거래가 있었던 날의 시세만을 기준으로 하며, 거래가 없는 날은 제외된다. 만약 상장폐지 등 특수한 사유가 있다면 최종 거래일의 가격을 적용하고, 상속세 신고 시에는 증권사의 잔고증명서와 평가 명세서를 반드시 함께 제출해야 한다.

2.4. 비상장주식의 과세 기준

비상장주식은 시장에서 거래되는 시세가 없으므로 자산가치와 수익가치를 반영한 가중평균 방식으로 평가한다. 상속재산 평가 과정에서 회계법인이나 감정평가법인 등이 작성한 평가서를 제출하면 객관성이 확보되기 때문에 과세당국이 이를 수용할 가능성이 높아진다.

2.5. 기타 금융자산의 과세 유의사항

예금과 주식 외에도 다음과 같은 다양한 금융자산이 상속세 과세 대상이 될 수 있으므로 주의가 필요하다.

항목	평가 기준	유의사항
지방은행 소액통장	잔액 기준	과소신고 시 가산세 대상 가능
저축성 보험	해약환급금 기준	사망 당시 기준으로 평가
신탁형 상품	계약구조에 따라 판단	원금 및 수익귀속 판단 필요
외화예금	사망일 환율로 환산	해외은행 및 외화 계좌 모두 포함
해외 금융계좌	시가 기준	CRS 정보로 적발 가능성 높음

2.6. 과세당국의 추적 방식

국세청은 상속세 신고가 끝난 이후에도 금융정보분석원(FIU), 보험사 및 은행의 거래정보, 예탁결제원과 증권사 자료, CRS 국제 공조 시스템, 통장 명의 대조 등 다양한 채널을 통해 상속재산의 누락 여부를 지속적으로 확인한다. 특히 상속일 직전의 대규모 현금 인출, 타인 명의 계좌로의 반복 송금, 입금과 인출이 짧은 주기로 반복되는 순환 거래는 국세청 조사에서 흔히 적발되는 패턴이다.

핵심정리

- 상속재산에 포함되는 금융자산은 예금, 주식, 펀드 등 다양한 형태가 있으며 상속일 당시의 잔액이나 평균 시가를 기준으로 평가된다.
- 상장주식은 4개월간의 일평균 주가를 적용하고, 비상장주식은 자산가치와 수익가치를 혼합한 평가법을 사용한다.
- 명의가 자녀나 제3자라 하더라도 실질적인 자금의 출처가 피상속인이라면 과세 대상이 될 수 있으며, 가상자산, 신탁형 금융상품, 외화예금 등은 특히 누락 가능성이 높아 사전 점검이 필요하다.
- 금융자산을 빠뜨리고 신고할 경우 가산세가 부과될 수 있으므로 전문가의 자문을 받고 감정평가서를 첨부하는 것이 안전하다.

3

보험금과 퇴직금의 과세 방식

"아버지 사망 후 받은 보험금 1억 원이 상속세 대상인지, 또 어머니에게 지급된 퇴직금 5천만 원에도 세금이 붙는지 궁금합니다."

 피상속인의 사망 직후 상속인이 접하는 재산 중 대표적인 것이 보험금과 퇴직금이다. 이들 자산은 현금으로 지급되다 보니 비과세로 오해되기 쉽고, '보험금은 세금이 없다'거나 '퇴직금은 회사가 주는 돈이라 상속세와 무관하다'는 인식이 널리 퍼져 있다. 그러나 「상증법」에서는 보험금과 퇴직금에 대해 과세 대상 여부, 공제 한도, 과세 기준 등을 명확히 정하고 있어 주의가 필요하다.

3.1. 보험금의 과세 여부는 계약 구조를 기준으로 판단한다

보험금이 과세 대상인지 여부는 단순히 수령 사실만으로 결정되지 않고, 계약자, 피보험자, 수익자의 관계가 어떻게 설정되어 있는지에 따라 달라진다. 다음 세 가지 요소가 핵심이다.

- 보험료를 납입한 사람(계약자)
- 보험 대상자(피보험자)
- 보험금을 수령하는 사람(수익자)

기본 원칙은 피상속인이 보험료를 납입했고, 피상속인의 사망으로 보험금이 수익자에게 지급되는 구조라면 상속세 과세 대상이다.

계약자	피보험자	수익자	과세여부	비고
피상속인	피상속인	자녀	과세 대상	일반적인 구조
자녀	피상속인	자녀	비과세	자녀가 보험료 납입 시
피상속인	피상속인	배우자	과세 대상	배우자공제 적용 가능
자녀	자녀	피상속인	비과세	사망과 무관한 보험금

보험금의 상속세 과세 여부는 단순히 계약서상의 명의로만 결정되지 않는다. 세무당국은 보험료가 어떤 계좌에서 납입되었는지, 자금의 실제 출처가 누구인지 등을 확인해 실질 귀속자를 판별한다. 따라서 계약자가 자녀라 하더라도 보험료를 피상속인이 납입했다면 해당 보험금은 상속세 과세 재산으로 포함될 수 있다.

☐ **사례1: 과세 대상 보험금**

피상속인이 자신의 명의로 종신보험을 가입하고 자녀를 수익자로 지정했으며, 보험료를 전액 부담한 상태에서 사망 후 보험금 1억 원이 지급되었다면, 해당 보험금은 상속세 과세 대상이 된다.

→ 피상속인의 사망을 원인으로 지급되는 보험금이 상속재산으로 보기 때문이다.

☐ **사례2: 비과세 보험금**

자녀가 본인의 명의로 생명보험에 가입하고 보험료도 직접 납부했으며, 피상속인은 피보험자였을 뿐 자산적 부담이 없었다.

→ 자녀의 독립적인 보험계약으로 본다. 따라서 이 구조에서 발생한 보험금은 상속세 과세 대상에 포함되지 않는다.

3.2. 퇴직금은 지급 시점이 과세 기준이다

퇴직금은 피상속인의 근로에 대한 대가로 지급되지만, 지급 시점이 생전인지 사망 이후인지에 따라 과세 여부가 달라진다.

구분	설명	과세 여부
사망 후 퇴직금	유족에게 지급된 퇴직금	과세 대상
사망 전 퇴직금	생전 지급되어 예금 등으로 존재	경우에 따라 과세
유족보조금	장례비, 실비 등	비과세 가능

☐ **사례3: 퇴직금 과세 사례**

　　B씨는 재직 중 사고로 사망했고, 소속 회사는 유족에게 퇴직금 6천만 원을 지급했다.

　　→ 이는 피상속인의 사망을 원인으로 지급된 재산이므로 상속세 과세 대상이다. 유족보조금과 달리, 근로에 대한 금전적 보상으로 간주된다.

3.3. 평가 기준과 신고 시 유의사항

보험금과 퇴직금의 평가 기준은 다음과 같다.

보험금의 평가 기준
- 일반 보험: 수령 금액 전액 기준
- 저축성 보험: 해약환급금 기준
- 실손보험: 과세 대상 아님

퇴직금의 평가 기준
- 사망 후 지급: 지급액 전액이 상속재산에 포함됨
- 퇴직소득세가 실제 납부된 경우: 상속세 계산 시 필요경비로 공제 가능

보험금의 상속세 신고에서 유의할 점은 보험사에는 과세 안내 의

무가 없다는 사실이다. 따라서 안내를 받지 못했더라도 신고 의무가 사라지지 않으며, 국세청은 보험금 지급 자료를 자동으로 수집해 과세 여부를 사후 검증한다. 신고 누락이 확인될 경우 추가 세금이 부과될 수 있으므로 주의가 필요하다.

퇴직금에 대한 유의사항은 사망을 사유로 지급되는 퇴직금이 전액 상속재산에 합산된다는 점이다. 다만, 이때 원천징수된 퇴직소득세는 공과금 항목으로 차감할 수 있으므로 상속세 산정 시 반드시 이를 반영해야 세액을 정확히 계산할 수 있다.

상속세 신고 시에는 퇴직소득 원천징수영수증과 보험금 지급명세서를 함께 제출해야 한다. 이러한 서류는 과세당국이 과세 여부를 검증할 때 중요한 자료가 되며, 향후 질의나 세무조사에 대비하는 역할도 한다.

3.4. 비과세 항목: 예외적으로 과세 제외되는 급여

국민연금의 유족연금과 반환일시금, 공무원·군인연금의 유족보상금과 순직보상금, 산업재해보상보험에서 지급되는 유족보상금, 근로기준법상 유족보상금과 장례비 지원 등 일정한 사회보장적 급여를 비과세 상속재산으로 인정한다.

항목	비고
국민연금 유족연금, 반환일시금	공적 연금 성격
공무원·군인연금의 유족보상금, 순직보상금	국가 지급 보상
산업재해보상보험의 유족보상금	근로복지법상 보상
근로기준법상 유족보상금, 장례비 지원	실비 보상으로 분류

핵심정리

- 피상속인이 보험료를 납입한 보험계약에서 사망을 원인으로 지급된 보험금은 상속세 과세 대상에 포함된다.
- 퇴직금 또한 사망 후 지급된 전액이 상속재산으로 간주된다.
- 계약 구조상 자녀가 계약자이자 보험료 납입자인 경우에는 해당 보험금은 비과세로 처리된다.
- 퇴직소득세는 공과금 항목으로 상속세 계산 시 공제할 수 있고, 유족보조금 등 일부 급여는 비과세 항목으로 인정된다.
- 보험사와 회사는 과세 여부를 안내할 의무가 없으므로 상속인은 스스로 신고 의무를 이행해야 한다.

4

신탁 재산의 귀속 및 과세 시기

"아버지가 유언대용신탁을 설정해 두셨는데, 그 재산도 상속세를 내야 하나요? 신탁을 활용하면 세금 없이 상속할 수 있다는 말이 사실인가요?"

 최근 들어 신탁은 재산 이전과 상속 분쟁 방지를 위한 중요한 도구로 주목받고 있다. 특히 고령화와 가족구성의 다양화로 인해 생전 또는 사후에 신탁을 이용하는 사례가 빠르게 증가하는 추세다. 그러나 신탁을 설정했다고 해서 세금이 면제되는 것은 아니다. 세법상 실질적으로 재산이 이전된 것으로 판단되면, 신탁의 형식과 관계없이 상속세나 증여세가 과세된다. 따라서 신탁의 구조와 과세 시점, 그리고 납세의무자의 범위를 정확히 이해하는 것이 상속설계에서 반드시 필요한 절차다.

4.1. 신탁의 개념과 신탁 재산의 과세 여부

신탁은 위탁자가 자신의 재산을 수탁자에게 맡기고, 사전에 정한 목적에 따라 수익자에게 그 이익이 귀속되도록 설계하는 법적 장치다. 즉, 재산의 소유권과 관리권을 분리하고, 수익은 계약 내용에 따라 귀속된다.

역할	주체	설명
위탁자	피상속인	신탁 재산을 맡기는 사람
수탁자	금융회사, 신탁사	신탁 재산을 관리하는 기관
수익자	상속인 또는 제3자	신탁 재산의 이익을 받는 사람

신탁재산에 대한 과세 여부는 단순히 신탁 설정 여부가 아니라, 해당 수익이 실제로 누구에게 귀속되는지, 그리고 그 시점이 언제인지에 따라 달라진다. 따라서 신탁재산이라 하더라도 피상속인의 사망으로 인해 수익자가 이익을 취득한 경우, 해당 재산은 상속세 과세 대상에 포함된다.

신탁은 설정 방식에 따라 과세 발생 시점이 달라지고, 상속세가 적용될지 증여세가 적용될지도 달라진다. 그러므로 신탁 유형을 정확히 구분하고 구조를 이해하는 것이 반드시 필요하다.

4.2. 신탁 유형별 과세 방식

신탁의 목적과 설계 방식에 따라 과세 방식은 다음과 같이 달라진다.

① **유언대용신탁**

이 구조에서는 피상속인이 살아 있는 동안은 본인이 수익을 누리며, 사망 시점 이후에는 배우자나 자녀가 자동으로 수익권을 승계받도록 되어 있다. 이러한 유언대용신탁은 사망을 원인으로 자산이 귀속되므로, 상속세 과세 대상이다.

☐ **사례1: 유언대용신탁**

　피상속인은 자신의 아파트를 유언대용신탁으로 설정하고 본인을 생전 수익자로, 사망 후에는 배우자를 후순위 수익자로 지정했다. 피상속인이 사망하자 계약에 따라 아파트는 배우자에게 귀속되었고, 이 재산은 상속세 과세 대상으로 처리되었다.

② **생전수익형 신탁**

피상속인이 살아 있을 때부터 자녀나 제3자를 수익자로 지정하고, 사망하기 전 시점부터 해당 수익이 귀속되도록 설계된 구조다. 이러한 생전수익형 신탁은 상속이 아닌 생전 증여로 간주되어 증여세 과세 대상이다.

☐ **사례2: 생전수익형 신탁**

　피상속인은 본인의 부동산을 신탁사에 맡기면서 임대수익을 장남에게 지급하도록 설정했다. 장남이 피상속인의 생전부터 해당 수익을 받았기 때문에 이 구조는 증여세 과세 대상에 해당하며, 이후 사망 시에는 동일한 재산에 대해 상속세가 부과되지 않는다.

③ 정기금형 신탁

이 신탁은 신탁재산에서 발생한 자금을 일정 금액씩 정해진 간격으로 수익자에게 지급하는 구조를 갖는다. 이러한 정기금형 신탁은 수익이 발생하는 시점에는 소득세 또는 증여세가 과세되며, 신탁의 종료 또는 소유권이 귀속되는 시점에는 상속세가 적용될 수 있다.

□ 사례3: 정기금형 신탁

신탁재산이 사망과 무관하게 일정 기간 동안 연금 형태로 수익자에게 지급되고, 최종적으로 자녀에게 소유권이 이전되는 경우가 있다. 이때 지급 단계에서는 증여세나 소득세가 과세될 수 있으며, 최종적으로 재산이 자녀에게 귀속될 때는 상속세가 부과될 가능성이 있다.

4.3. 수익 귀속 시점과 과세 및 유의사항

신탁재산의 과세 기준 시점은 '수익이 귀속되는 시점'이다. 따라서 신탁의 구조상 수익이 피상속인의 사망을 원인으로 귀속된다면 해당 재산은 상속세 과세 대상으로 본다.

신탁 유형	수익귀속시점	과세 여부	적용 세목
유언대용신탁	사망 시	과세 대상	상속세
생전수익형신탁	생전	과세 대상	증여세
정기금형신탁	지급 시점마다	과세 대상	소득세 또는 증여세

신탁계약을 작성할 때는 수익자와 수익 귀속 시점을 명확히 명시해야 한다. 세무당국은 해당 조항을 상속세 과세 여부를 판단하는 핵심 자료로 삼기 때문에 불명확한 계약은 분쟁의 원인이 될 수 있다.

또한 신탁재산은 상속세 신고 대상에서 제외되지 않으므로 누락할 경우 과소신고가산세 등 추가 세금이 부과될 수 있다.

특히 부동산이나 비상장주식처럼 고액 자산이 포함된 복잡한 신탁은 감정평가와 세무 분석이 필수이며, 전문가의 자문을 받아 진행하는 것이 안전하다.

핵심정리

- 신탁은 위탁자, 수탁자, 수익자가 참여하는 3자 구조를 가진다.
- 세법상 과세 여부는 수익이 실제로 귀속되는 시점과 그 수익자가 누구인지에 따라 달라진다.
- 유언대용신탁은 사망을 원인으로 수익이 이전되므로 상속세가 부과된다.
- 생전수익형 신탁은 사망 전부터 수익이 발생하기 때문에 증여세 과세 대상이 된다.
- 정기금형 신탁은 지급 시마다 소득세 또는 증여세가 부과되며, 최종적으로 자산이 귀속될 때 상속세가 적용될 수 있다.
- 이러한 과세 여부를 명확히 하기 위해서는 신탁계약서에 수익자와 귀속 시점을 정확히 기재하고, 상속세 신고 과정에서 누락이 없도록 주의하는 것이 필요하다.

5

가상자산·기타 무형자산의 과세

"아버지가 돌아가신 후 비트코인을 보유하고 계셨다는 걸 알게 되었는데, 이런 가상자산에도 상속세가 부과되나요? 또 아버지가 운영하시던 유튜브 채널은 수익도 많은데, 이런 채널도 상속재산에 해당하나요?"

상속세는 이제 부동산이나 예금 같은 전통적인 자산뿐 아니라, 디지털 경제의 확산과 함께 등장한 새로운 자산들까지 과세 대상으로 포함하고 있다. 가상자산, 유튜브 채널과 같은 온라인 플랫폼, 각종 무형 재산이라도 경제적 가치가 인정되면 상속세 과세 대상이 될 수 있다. 특히 가상자산은 보유 여부나 접근 방법이 명확하지 않아 누락될 위험이 높기 때문에, 상속인이 주의 깊게 확인하고 신고해야 한다.

5.1. 가상자산도 상속세 과세 대상

2021년 개정으로 도입된 「상증법」 시행령 제2조의3은 가상자산을 명시적으로 과세대상 자산에 포함했다. 해당 조항은 '금전적 가치가 있고 양도가 가능한 무형자산'을 상속세·증여세 과세대상으로 정의하고 있으며, 이에 따라 비트코인, 이더리움, 리플 등 주요 암호화폐뿐 아니라 상장되지 않은 알트코인도 가치와 양도 가능성이 인정되면 과세 대상이 된다. 이 규정은 가상자산을 단순한 전자기록이 아닌 경제적 가치를 가진 재산으로 간주하여 상속세 체계 안에 편입시킨다는 점에서 의의가 있다.

5.2. 가상자산의 평가 기준

가상자산은 상속세 계산 시 상속 개시일, 즉 피상속인의 사망일을 기준으로 평가한다. 이때 가액은 특정 거래소 한 곳의 가격이 아니라 주요 거래소에서 형성된 시세의 평균을 사용해 산정한다.

- 평가가액 = 상속일 기준 1코인 시세 × 보유 수량
- 복수 거래소 보유 시, 거래소별 시세 평균 사용
- 해외 거래소 보유 시에도 한국은행 고시 환율을 적용하여 원화로 환산
- 거래내역, 지갑 주소, 인증정보 등 확인 자료 첨부

개인 지갑과 다수의 거래소에 보유된 가상자산은 상속을 위해 접근 권한을 확보하는 것이 최우선 과제다. 이 과정에서 2단계 인증, 복구 코드 등 계정에 접근할 수 있는 수단을 미리 파악해 두어야 한다.

☐ **사례1: 비트코인 상속**

　피상속인은 사망 당시 비트코인 3BTC를 보유하고 있었고, 국내 거래소 평균 시세는 1BTC당 5,000만 원이었다.

　→ 상속재산가액: 3BTC × 5,000만 원 = 1억 5천만 원
　→ 해당 금액은 전액 상속세 과세 대상이다.

5.3. 기타 무형자산도 과세될 수 있다

가상자산 외에도 다음과 같은 무형의 자산들도 상속세 과세 대상이 될 수 있다. 법령에 명시되어 있지 않더라도 수익이 발생하거나 실질적 교환가치가 있다면 경제적 자산으로 간주된다.

자산 유형	과세 가능성	평가 기준
유튜브·SNS 채널	조건부 과세	광고수익, 구독자 수, 콘텐츠 가치 등
저작권·상표권	과세 대상	수익 실적, 감정평가
게임 아이템	일부 과세	거래 시세, 중고시장 가치
콘도·골프회원권	과세 대상	실거래가, 공시 시세
특허권	과세 대상	기술 가치, 라이선스 계약 등
프랜차이즈 운영권	과세 대상	상권 가치, 영업 실적

□ **사례2: 유튜브 채널 상속**

피상속인이 운영하던 유튜브 채널에서 매월 500만 원의 광고 수익이 발생했고, 사망 후 계정이 자녀에게 이전되어 수익이 계속 이어진 경우, 해당 채널은 단순한 계정이 아니라 경제적 가치가 있는 콘텐츠 자산으로 간주될 수 있다.

→ 이러한 경우 상속세 평가에서는 구독자 수, 광고 수익 규모, 콘텐츠의 지속 가능성 등을 기준으로 가치를 산정할 수 있다.

5.4. 실체 확인이 어려운 디지털 자산

디지털 자산은 실체가 없는 무형의 재산이기 때문에 상속 당시 존재 여부를 확인하는 것이 어렵다. 그러나 이메일, 휴대전화, 외장하드, 클라우드에 남겨진 데이터가 중요한 단서 역할을 한다.

국세청은 디지털 포렌식 기술을 활용해 접근 기록을 분석하고, 거래소와 지갑 서비스 업체에 정보를 요청하며, 실명계좌와 가상계좌의 자금 흐름을 추적한다. 또한 가족 명의 지갑에 대해서는 실질적인 소유자를 분석해 상속세 과세 여부를 판단한다.

□ **사례3: 명의신탁된 코인지갑**

피상속인은 사망하기 전 자녀 명의의 코인지갑을 개설하고 본인의 자금을 사용해 비트코인을 매입해 두었다. 사망 후 자녀는 이 자산이 자신의 것이라고 주장했지만, 국세청은 자금 출처를 추적해 박 씨의 재산임을 확인했다.

→ 이에 따라 해당 비트코인은 피상속인의 실질 소유 자산으로 간주되어 상속세 과세 대상이 되었다.

무형자산은 그 특성상 실체 확인이 어렵고 평가 기준도 명확하지 않아 과세당국과의 분쟁이 잦은 편이다. 이러한 상황에서 감정평가서를 첨부하면 신고세액의 객관성과 신뢰성을 높일 수 있으며, 과소신고가산세의 부과를 예방하는 동시에 세무조사 및 조세심판 단계에서 유리한 증빙자료로 작용해 세무 리스크를 크게 낮출 수 있다.

핵심정리

- 가상자산은 「상증법」 시행령에 의해 명시적으로 상속세 과세 대상에 포함된다.
- 평가 시에는 상속일 기준의 거래소 평균 시세를 적용하고, 원화 환산을 통해 가액을 산정해야 한다.
- 유튜브 채널, 저작권, 특허권과 같은 무형의 자산도 수익성과 재산적 가치가 확인되면 상속세 부과 대상에 포함된다. 이때 실질 소유자를 입증하는 것이 핵심이며, 명의신탁으로 판단되면 가산세가 부과될 위험이 있다.
- 신고 시 감정평가서를 첨부하면 과세 당국의 신뢰성을 높이고 평가의 객관성을 확보할 수 있다.

6

고가 동산의 과세 기준과 유의사항

"어머니가 생전에 고가의 미술품과 골동품을 수집하셨는데, 이런 것들도 상속세 대상이 되나요?"

상속세를 신고할 때 부동산이나 예금 등 주요 자산은 빠짐없이 포함시키는 반면, 미술품이나 골동품, 고가의 시계나 명품 가구 등 동산은 과세 대상이라는 점을 놓치는 경우가 많다. 그러나 상속세법은 이들 고가 동산도 상속재산으로 보고 있으며, 최근에는 세무당국이 이 분야의 누락 여부를 중점적으로 점검하고 있다.

과거에는 고가 미술품이나 명품 가구가 일부 자산가에게만 해당되는 것으로 여겨졌지만, 현재는 일반 가정에서도 소유 비중이 커지고 있는 만큼, 상속세 신고 시 이들 자산의 평가와 포함 여부를 철저히 검토하는 것이 중요해졌다.

6.1. 고가 동산이란 무엇인가?

'동산'이라는 용어는 부동산을 제외한 유형의 재산을 뜻하며, 일반적으로는 옮길 수 있는 물건을 지칭한다. 상속세법은 고가 동산을 별도로 정의하지 않지만, 과세 실무에서는 다음과 같은 특정 유형의 자산들이 상속세 과세 여부를 판단하는 데 있어 빈번히 문제로 다뤄진다.

유형	예시
미술품	유화, 수채화, 판화, 사진, 설치미술 등
골동품	도자기, 목기류, 고서화, 전통 공예품 등
귀금속	금·은 장신구, 순금 제품, 보석류
명품	명품 시계, 가방, 가구, 고급 오디오 등
기타	고가 가전제품, 수석, 민속품 등

통상적으로 미술품이나 명품 가구와 같은 동산의 경우, 단일 품목의 시가가 500만 원 이상이거나 동일한 종류의 자산을 합산했을 때 1,000만 원을 초과하면 고가 동산으로 분류해 상속세 과세 가능성이 높아진다.

6.2. 고가 동산의 과세 방식

고가 동산은 상속재산에 포함되며 과세 판단의 핵심 요건은 다음과 같다.
- 상속개시일 현재 피상속인이 소유하고 있을 것
- 경제적 가치가 있어 금전으로 환산 가능할 것
- 실거래가나 감정 등을 통해 시가 산정이 가능할 것

평가 기준은 시가가 원칙이며, 상속개시일 전후 6개월 이내의 실거래가, 경매가, 감정가를 우선 적용한다. 이러한 자료가 없는 경우에는 전문가의 감정평가를 통해 시가를 산정할 수 있다.

☐ 사례1: 신고 누락된 도자기

피상속인은 생전에 도자기 수집가로서 조선백자 4점을 보유하고 있었으나, 유족은 이를 단순한 장식용 물품으로 보고 상속세 신고에서 제외했다.

→ 세무조사 과정에서 문화재 전문가의 감정 결과 총 1,600만 원의 가치가 인정되면서 해당 자산은 상속세 과세 대상에 포함되었고, 유족은 누락분에 대해 상속세를 추징당했다.

☐ 사례2: 명품 시계의 과세

피상속인이 남긴 명품 시계 3점은 각각 700만 원, 800만 원, 1,200만 원으로 평가되어 총 2,700만 원의 가치를 인정받았다. 유족은 이를 감정평가 후 상속세 신고에 포함시켰다.

→ 세무당국은 이를 그대로 수용해 별다른 불이익 없이 과세가 마무리되었다.

☐ **사례3: 고가 오디오 장비의 누락**

피상속인의 집에서 발견된 수입 브랜드 앰프와 스피커 등 고가 오디오 장비 세트를 유족은 일반 가전제품으로 생각해 상속세 신고에서 제외했다.

→ 세무조사 과정에서 전문가 감정으로 합산 시가가 1,800만 원으로 평가되면서 상속세 과세 대상에 포함되었고, 유족은 추가 세금을 납부해야 했다.

6.3. 평가 기준과 방법 및 유의사항

고가 동산은 상속세 평가 시 경매사례가액, 감정평가액, 보험가입액, 실거래가, 유사물건 시세 등을 기준으로 시가를 산정한다. 상속세 산정에서는 상속개시일 시점을 기준으로 한 평가가 원칙이며, 만약 실거래나 시장 자료가 부족하다면 전문가 감정을 통해 객관적인 근거를 확보하는 것이 필수적이다. 이는 과세당국의 검증 과정에서 중요한 역할을 하며, 추후 분쟁 예방에도 도움이 된다.

평가 기준	설명
경매사례가액	동일 품목의 최근 경매 낙찰가 적용
감정평가액	문화재청 또는 민간 감정법인의 평가액
보험가입액	고액 보험에 가입되어 있는 경우 보장가액 활용
실거래가	사망 전후 실거래 사례가 있다면 이를 우선 적용
유사물건시세	동일 브랜드나 유사 품목 시세로 대체 평가 가능

상속세 신고에서 고가 동산은 체계적인 관리와 정확한 평가가 필수적이다.
- 상속 개시 전에 고가 물품의 목록을 작성하고, 사진과 구입 증빙을 함께 보관하는 것이 바람직하다.
- 도자기·수석·목가구 등은 실제로 높은 가치를 지니고 있어도 단순 장식품으로 여겨 신고 누락이 자주 발생한다.
- 시가를 알 수 없다는 이유로 감정평가를 생략하고 소유 사실만 기록한 채 제외하는 경우, 과세당국과의 분쟁으로 이어질 수 있다.
- 감정평가 수수료는 필요경비로 공제할 수 있음에도 비용 부담을 이유로 신고를 포기하는 사례가 있어 주의해야 한다.

상속세 신고에서 고가 동산은 체계적인 관리와 정확한 평가가 필수적이다. 첫째, 상속 개시 전에 고가 물품의 목록을 작성하고 사진과 구입 증빙을 함께 보관하는 것이 좋다. 둘째, 도자기·수석·목가구 등은 실질적 가치가 높음에도 단순한 장식품으로 여겨 신고 누락이 자주 발생한다. 셋째, 시가를 알지 못한다는 이유로 감정평가를 생략하고 단순히 소유 여부만 기록한 채 제외하는 사례는 과세당국과의 분쟁을 불러올 수 있다. 넷째, 감정평가 수수료는 필요경비로 공제가 가능함에도 비용 부담 때문에 신고를 포기하는 경우가 있어 주의가 필요하다.

국세청은 다음과 같은 여러 경로를 통해 상속재산에 포함될 수 있는 고가 동산의 존재를 추적한다.
- 문화재청, 한국감정평가협회 등 관련 기관과의 정보 연계
- 보험사, 경매사, 수입업체 등에서 수집한 재산 관련 데이터

- 고급주택에 대한 현장조사 시 실물 확인
- 종합소득세 신고자료 등을 통한 간접적인 재산 추정

 특히 상속세 조사가 진행되는 경우, 자택 내의 고가 장식품이나 수집품은 과세당국의 집중 확인 대상이 된다는 점을 유의해야 한다.

핵심정리

- 상속세 신고에서 고가 동산은 상속개시일 기준의 시가를 적용하며 과세 대상에 포함된다.
- 평가 기준은 개별 물품이 1점당 500만 원 이상이거나 동일 종류의 합산가가 1,000만 원을 넘는지 여부가 핵심이다.
- 만약 감정평가서, 경매가, 실거래가 등 참고할 자료가 없다면 전문가 감정이 필요하다.
- 유족이 고가 동산을 누락하거나 낮게 평가해 신고하면, 추후 세무조사에서 과소신고가산세가 부과될 수 있으므로 주의해야 한다.
- 신고 시 실물 목록과 사진, 감정가액 등을 철저히 준비해 객관성을 확보하는 것이 중요하다.

7

누락된 상속재산의 과세 방식

"상속세 신고에서 일부 예금을 누락했는데, 나중에 발견되면 어떻게 되나요?"

"부동산 한 채를 신고하지 않고 빠뜨렸는데 국세청이 확인하면 가산세가 나올까요?"

"상속세 신고 후 누락된 재산은 경정청구 대상인가요, 아니면 추징이 되나요?"

"해외계좌를 신고하지 않았는데 CRS를 통해 국세청이 알게 되면 어떻게 되나요?"

상속세는 납세자가 스스로 재산을 파악해 신고하고 납부해야 하는 '신고납부세목'이므로, 재산을 누락하면 해당 금액에 대해 상속세가 추가로 부과된다. 또한, 누락이 확인될 경우 고의성 여부와 관계없이 과소신고가산세, 무신고가산세 등 가산세가 함께 부과될 수 있다. 특히 국세청은 부동산, 예금, 보험뿐 아니라 해외계좌 등도 CRS(금융정보 자동교환제도)를 통해 확인할 수 있으므로, 상속세 신고 시 재산 전반을 정확히 파악해 누락 없이 신고하는 것이 중요하다.

7.1. 상속세는 자진신고가 원칙이다

상속세는 상속이 개시된 달의 말일부터 6개월 이내에 신고하고 납부해야 하며, 해외에 거주하는 상속인의 경우 기한은 9개월로 연장된다. 신고 대상은 피상속인의 전 재산으로, 실질 소유 여부와 관계없이 경제적 가치가 있는 모든 자산을 포함해야 한다.

신고 절차는 재산 전수 조사 → 채무 및 공제 확인 → 과세표준 산정 → 기한 내 신고 및 납부의 순으로 진행된다. 만약 이 과정에서 재산을 누락하면 국세청의 금융, 부동산, 디지털 정보망을 통해 추후 적발되어 추가 세금과 가산세가 부과될 수 있다.

7.2. 상속재산 누락의 주요 유형 및 과세 방식

상속재산 누락은 단순 실수부터 고의적 은닉까지 다양한 형태로 발생한다.

유형	설명	예시
실수	존재 자체를 몰랐거나 확인하지 못한 경우	통장, 외화예금, 미지급 보험금 등
고의적 누락	상속세 부담을 줄이기 위해 일부러 누락한 경우	자녀 명의 계좌로 자산 이동 후 신고 제외
판단 착오	과세 대상이 아니라고 잘못 판단한 경우	퇴직금, 사망보험금, 명의신탁 자산 등
사후 발견	신고 이후 재산이 지급 또는 존재가 밝혀진 경우	사망 후 지급된 보험금, 상여금 등

국세청은 상속세 신고의 정확성을 검증하기 위해 금융정보분석원(FIU), 보험사 지급명세서, 부동산 등기 및 취득 자료, 예금과 증권 거래 내역, 예탁결제원 전산자료 등 다양한 데이터를 연계해 분석한다. 또한 해외 금융계좌는 CRS(국제 금융계좌 공조망)를 통해 확인할 수 있어, 재산 누락 시 추후 과세당국의 검증에서 적발될 가능성이 매우 높다.

상속재산을 누락하면 국세청은 가산세를 부과할 수 있다.[16]

□ **사례1: 보험금 누락**

　　피상속인의 유족은 통장과 부동산만 신고했으나, 사망 후 보험계약에 따라 지급된 보험금 3억 원이 있었고, 이는 국세청 자료를 통해 확인되어 추가로 상속세와 가산세가 부과되었다.

---

[16] 가산세에 대한 자세한 내용은 본서 이론편 4장 세액공제 및 신고, 납부를 참조하기 바란다.

☐ **사례2: 해외계좌 누락**

 피상속인은 미국 은행에 외화예금을 보유하고 있었지만, 유족은 이를 알지 못해 누락했다. 국세청은 CRS 정보망을 통해 이를 확인하고 4천만 원 상당의 자산을 과세가액에 추가했다.

☐ **사례3: 명의신탁 자산 과세**

 상속인은 본인 명의 적금 8천만 원을 자신의 자산이라고 주장했지만, 자금 출처가 부모였음이 밝혀졌다. 국세청은 이를 명의신탁으로 간주하고 상속세 6천만 원과 가산세 1,200만 원을 추가 부과했다.

7.3. 누락 방지를 위한 점검 및 수정신고 절차

누락을 방지하려면 사망 전후의 자산을 철저히 전수조사하고 다음 항목을 반드시 확인해야 한다.
- 모든 금융기관의 예금·적금 계좌
- 보험 계약서와 지급 내역
- 상장·비상장 주식, 가상자산, 해외자산
- 퇴직금, 상여금 등 사망 후 지급되는 자산
- 부동산 외 권리: 입주권, 분양권, 전세보증금 등
- 자녀 명의 계좌에 피상속인 자금이 포함되어 있는지 여부
- 정부24의 '안심상속 원스톱서비스' 활용

실무에서는 엑셀 등을 활용해 자산 목록을 작성하고, 거래내역과 증빙 자료를 함께 보관하면 신고 시 누락을 예방할 수 있다.

상속세 신고를 마친 후 누락된 재산이 발견되면 최대한 신속히 수정신고나 기한 후 신고를 해야 한다. 이때 홈택스 또는 관할 세무서를 통해 신고서를 제출하고, 누락된 자산과 관련된 계약서나 입금 내역 등 증빙 자료를 함께 첨부해야 한다. 추가로 계산된 세액을 납부하면 되며, 자진해 신고할 경우 과소신고가산세가 기본 10%에서 5%로 줄어드는 혜택이 있다.

□ **사례4: 수정신고 감면 사례**

피상속인 유족은 사망보험금 2억 원을 누락했다가 2개월 뒤 인지하고 수정신고를 제출하였다. 이 경우 일반 세율 10% 대신 5%의 과소신고가산세만 적용되었다.

핵심정리

- 상속세는 납세자가 스스로 신고하고 납부하는 자진신고세목이므로, 상속재산을 누락하면 과소신고가산세와 납부불성실가산세 등 여러 가산세가 동시에 부과될 수 있다.
- 국세청은 금융정보분석원(FIU)과 해외계좌 공조망 등을 포함한 고도화된 정보망으로 재산 누락 여부를 추적한다.
- 재산의 존재를 몰랐거나 단순한 판단 착오로 누락한 경우라도 가산세가 적용될 수 있다. 따라서 안심상속서비스와 자산별 체크리스트를 활용해 사전에 누락을 방지하고, 누락 사실을 알게 되면 신속히 수정신고를 통해 가산세를 줄이는 것이 가장 효율적인 대응 방법이다.

8

사망 직전 인출 자산의 과세 방식

"아버지께서 돌아가시기 직전에 큰 금액을 인출하셨는데, 어디에 쓰였는지 알 수 없습니다. 이런 경우에도 상속세가 나올 수 있나요?"

피상속인이 사망 직전에 고액의 현금을 인출하거나 자산을 처분했는데 그 사용처가 불분명한 경우, 세법상 해당 금액은 '추정상속재산'으로 간주되어 과세될 수 있다.[17] 「상증법」에서는 일정 기간 내 인출된 금액이 일정 규모를 초과하고, 사용처에 대한 입증이 부족할 경우 이를 상속재산으로 추정해 상속세 과세 대상에 포함시킬 수 있도록 규정하고 있다.

이러한 과세 방식은 상속 직전 의도적으로 자산을 이전하거나 소진해 상속세를 회피하려는 행위를 방지하기 위한 장치이며, 상속세

---

[17] 추정상속재산에 대한 자세한 내용은 본서 이론편 3장 상속재산 및 비과세를 참조하기 바란다.

과세 체계의 공정성을 유지하는 중요한 역할을 한다.

☐ **사례1: 사용처 불명확한 현금 인출**

피상속인은 사망 전 일주일 사이에 2억 5천만 원을 현금으로 인출했다. 유족은 장례비와 병원비에 사용했다고 설명했으나, 영수증이나 거래 내역 등 증빙을 제출하지 못했다.

→ 세무당국은 영수증이나 계좌이체 내역 등 객관적인 자료가 없어 사용처를 인정하지 않았다. 결과적으로 전액을 추정상속재산으로 보고 상속세 과세가 이루어졌다.

☐ **사례2: 입증된 지출의 비과세 처리**

피상속인은 사망 8개월 전 예금에서 5억 원을 인출했다. 가족은 이 금액이 요양시설 이용료, 간병비, 의료비에 사용되었다는 사실을 영수증과 계좌이체 내역으로 명확히 입증했다. 세무당국은 해당 자료를 근거로 사용처를 인정해 상속세를 부과하지 않았다.

→ 이 사례는 동일한 금액의 인출이라도 사용 내역을 객관적으로 증명할 수 있는지 여부가 상속세 과세 판단의 중요한 기준이 된다는 점을 보여 준다.

8.1. 사용처 소명이 필요한 이유

과세당국은 사망 직전 고액 인출이나 자산 처분이 실질적으로 상속인에게 귀속되었는지 여부를 판단하기 위해 사용처를 중점적으로 검토한다. 특히 현금으로 인출된 금액은 사용처에 대한 소명 자료가 없으면 상속세 과세 대상으로 판단될 가능성이 매우 높다. 이때 다음과 같은 소명 자료가 주요 근거로 활용된다.

- 계좌이체 내역서 및 출금 명세표
- 병원비·요양비·간병비 관련 세금계산서
- 요양시설 및 간병인 계약서
- 현금영수증 및 세금계산서 등 공적 지출 증빙 자료

한편 사망 직전 인출한 금액의 전부를 사용처로 소명하지 못하더라도 일정 부분은 간주공제로 차감할 수 있다. 이때 공제액은 '인출 또는 처분 금액의 20%'와 '2억 원' 중 작은 금액으로 한정되며, 나머지 금액만 상속세 과세 대상에 포함된다.

☐ **사례3: 사용처 미소명**

피상속인이 사망 전 6억 원을 인출했으나 사용처를 전혀 입증하지 못하였다.

→ 시행령상 주공제 규정에 따라 6억 원의 20%인 1.2억 원을 공제할 수 있다. 결과적으로 4.8억 원이 상속세 과세대상으로 남게 되며, 공제 덕분에 일부 세액이 줄어들지만 여전히 상당한 금액이 과세 범위에 포함된다.

8.2. 특수한 상황의 과세 방식

- 피상속인이 고령자이거나 치매 환자인 경우

  계좌에서 소액 인출이 자주 반복되는 경우는 가족의 생활비나 간병비로 사용됐을 가능성이 높다. 이런 경우에는 계좌이체 내역을 중심으로 지출 구조를 정리하고 관련 증빙을 체계적으로 보관하는 것이 중요하다.

- 부동산 처분대금의 사용처 불명확

  피상속인이 생전에 부동산을 매도했다면, 상속세 조사 시 매매계약서와 잔금 입출금 내역, 취득·양도세 납부 기록 등이 필수 증빙 자료로 요구된다. 이러한 자료가 없으면 매각대금의 사용처를 입증할 수 없다고 판단되어, 전액이 추정상속재산으로 간주되어 상속세 과세 대상에 포함될 수 있다.

- 인출자와 실사용자가 다른 경우

  사망 전 피상속인이 인출한 금액을 상속인 명의의 계좌로 입금한 경우, 과세당국은 해당 자금이 실질적으로 상속 개시 전 증여된 것으로 보고 증여세를 과세할 수 있다. 이 경우 상속세와 증여세가 동시에 문제될 수 있으므로, 자금의 실제 사용처와 거래 목적을 명확히 입증하는 것이 필요하다.

핵심정리

- 사망 전 피상속인이 상당한 금액을 인출하거나 자산을 처분하고 그 사용처가 명확하지 않으면, 세법은 이를 추정상속재산으로 보아 상속세를 부과한다.
- 이 규정은 사망일 전 1년 이내 2억 원 이상 또는 2년 이내 5억 원 이상이 인출·처분된 경우에 적용된다.
- 사용처는 객관적인 증빙으로 입증해야 하며, 일부만 소명되더라도 일정 금액은 간주공제를 통해 차감할 수 있다.
- 현금보다는 계좌이체, 문서화된 계약, 영수증 확보 등 투명한 지출 관리가 필수적이며, 추정과세를 방지하려면 사전 준비와 철저한 자료 보관이 중요하다.

9

뒤늦게 발견된 상속재산, 신고와 대응

"상속세 신고를 다 끝낸 줄 알았는데, 나중에 아버지 명의의 다른 계좌가 발견됐습니다. 이런 경우 다시 수정신고를 해야 하나요?"

상속세는 단 한 번의 신고로 모든 절차가 끝나는 세금이 아니다. 상속개시일 기준으로 6개월 이내에 신고를 완료했다 하더라도, 이후에 누락된 재산이 추가로 발견되는 경우가 종종 발생한다.[18] 이런 경우에는 가능한 한 신속하게 수정신고나 기한 후 신고를 통해 사실을 바로잡는 것이 바람직하다. 이를 통해 가산세 부담을 줄이고 세무조사 위험도 완화할 수 있다.

---

18 상속세 신고기한에 대한 자세한 내용은 본서 이론편 4장 세액공제 및 신고, 납부를 참조하기 바란다.

9.1. 뒤늦게 발견된 상속재산 신고 방법

상속세 신고를 마친 이후 재산이 뒤늦게 발견되면 두 가지 방식으로 대응할 수 있다.

신고 기한 내에 신고했으나 일부 누락된 경우에는 '수정신고'를 통해 보완할 수 있으며, 이는 법정 신고기한이 지난 후 6개월 이내에 해야 한다.

반대로 신고 자체를 하지 않았던 경우에는 '기한후신고' 절차를 이용해 언제든 신고가 가능하다. 이때 납세자가 스스로 자진 신고하면 가산세의 50%가 감면되는 혜택이 적용된다.

□ 사례1: 수정신고 감면 사례

피상속인의 유족은 상속세 신고를 마친 후 약 3개월 뒤 USD 150,000의 외화예금이 존재한다는 사실을 알게 되었다. 유족은 즉시 잔고증명서와 환산자료를 첨부하여 수정신고를 제출했고, 이로 인해 과소신고가산세는 기본 10%에서 5%로 경감되었으며 추가적인 추징세액 없이 종결되었다.

□ 사례2: 무신고에 따른 중과세 사례

상속인들은 피상속인이 생전에 소장한 2억 원 상당의 골동품 수집품을 상속세 신고에서 제외했다. 이후 국세청 세무조사에서 해당 자산이 확인되면서 무신고가산세 20%와 납부불성실가산세가 함께 부과되었다. 제때 수정신고를 하지 못해 자진신고 감면 혜택을 받지 못하면서 상속인들의 세금 부담은 예상보다 크게 증가했다.

9.2. 소액 자산이라도 반드시 신고해야 하는 이유

일부 상속인은 소액의 자산이라면 신고하지 않아도 문제없을 것이라고 판단해 누락시키는 경우가 있다. 하지만 국세청은 금융기관 통합조회 시스템, 정부24의 '안심상속 원스톱서비스', 보험사·증권사·부동산 등기소의 자료 연계, 그리고 CRS(국제 금융정보 자동교환 제도)를 활용해 상속재산을 적극적으로 확인한다. 따라서 300만원 수준의 외화예금이라도 신고에서 빠지면 상속세뿐 아니라 과소신고가산세가 함께 부과될 수 있다.

9.3. 신고 절차 및 유의사항

상속세 신고 후 누락 재산이 발견되면 수정신고 또는 기한 후 신고 절차를 밟아야 한다. 우선 상속세 과세표준 및 세액 계산서를 다시 작성하고, 상속일 기준의 시가를 반영한 자산 평가자료를 첨부한다. 누락 사유와 자진신고 여부를 명확히 기재한 사유서를 함께 제출해야 하며, 추가 세액은 일시 납부하거나 연부연납, 물납을 신청할 수 있다. 특히 금융자산은 잔고증명서, 외화자산은 환산 내역서를 반드시 제출해야 한다.

■ <수정신고 또는 기한 후 신고 절차>

1. 상속세 과세표준 및 세액 계산서 작성
2. 자산의 평가자료 첨부 (상속일 기준 시가)
3. 누락 사유 및 자진신고 여부를 기재한 사유서 제출
4. 추가 세액 납부 또는 연부연납·물납 신청 가능

상속세는 상속개시일 당시의 재산 가치를 기준으로 과세하기 때문에, 뒤늦게 발견된 자산이라도 신고 시점의 시가가 아닌 사망일 기준 평가가액을 적용해야 한다. 이는 상속세 과세의 일관성과 형평성을 유지하기 위한 중요한 원칙이다.

상속세 신고 후 누락된 재산이 확인되면 가능한 한 빠르게 자진신고 여부를 검토해야 한다. 법정 신고기한이 지난 후 6개월 이내에는 수정신고를 통해 가산세를 줄일 수 있지만, 그 이후에는 기한 후 신고만 가능해 부담이 커진다. 금액의 많고 적음과 관계없이 누락 시 가산세가 적용되므로 사전에 철저히 재산을 조사해야 하며, 전문가 자문을 통해 신고 전략과 세액 산출을 점검하는 것이 안전한 대응책이다.

상속세 신고에서 재산 누락을 방지하려면 정부24에서 제공하는 '안심상속 원스톱서비스'를 적극적으로 활용하는 것이 좋다. 이 서비스는 예금·보험·펀드 등 금융자산, 전국 부동산 보유 현황, 등록 차량과 사업용 장비 같은 기계류, 미납 국세·지방세, 그리고 퇴직금·유족보조금·연금 수급 내역까지 확인할 수 있도록 지원한다. 상속재산을 전수 조사할 수 있으므로 누락 리스크를 최소화하는 데 큰 도움이 된다.

핵심정리

- 상속세는 신고 후에도 재산이 추가로 발견되는 사례가 많다. 이 경우 반드시 수정신고 또는 기한 후 신고를 통해 누락분을 보완해야 하며, 자진신고를 하면 과소신고가산세와 무신고가산세가 최대 50%까지 줄어들 수 있다.
- 추가로 확인된 자산도 신고 시점의 시세가 아니라 상속일 기준 시가로 평가해야 하고, 평가자료와 증빙 서류를 갖추는 것이 필수적이다.
- 특히 정부24의 안심상속 원스톱서비스 등 정부 시스템을 적극 활용하면 재산 누락을 사전에 방지할 수 있다.

10

공동·타인 명의 자산의 실질 판단 기준

"아버지가 제 명의로 통장을 만들고 그 안에 자금을 입금해 운용하셨는데, 상속세에서는 이 돈을 제 재산으로 보나요, 아니면 아버지 재산으로 간주되나요?"

 상속세에서는 단순히 명의만으로 과세 여부를 판단하지 않는다. 세법의 원칙은 형식보다 실질을 중시하므로, 해당 통장에 입금된 자금이 아버지의 재산에서 나왔고 실질적으로도 아버지가 운용해 온 자금이라면, 이는 아버지의 상속재산으로 간주되어 과세 대상이 될 수 있다.

10.1. 실질 귀속 원칙이란?

상속세법은 명의와 무관하게 피상속인에게 실질적으로 귀속되는 경제적 가치가 있는 자산을 모두 상속재산으로 본다. 이는 조세법의 핵심 원칙인 '실질과세의 원칙(substance over form)'에 근거한다. 따라서 자녀나 배우자, 심지어 제3자 명의로 되어 있는 자산이라 하더라도 자금의 출처가 피상속인이고 관리·운용 또한 피상속인이 했다면, 해당 자산은 형식과 상관없이 상속세 과세 대상에 포함된다.

10.2. 실질 과세 유형 및 실질 판단 기준

상속세 실무에서는 자녀 명의의 예금통장, 배우자 명의의 부동산, 손자 명의의 펀드 가입, 사위 명의의 차량과 같이 형식적인 명의와 실질적인 소유가 다른 사례가 자주 발생한다. 이러한 경우 세법은 명의가 아닌 자산의 자금 출처와 실질 귀속 관계를 기준으로 상속재산 여부를 판단하며, 자산이 실질적으로 피상속인에게 귀속된다면 명의와 관계없이 상속세 과세 대상에 포함된다.

사례 유형	설명
자녀 명의 예금통장	피상속인이 자금을 입금하고 직접 운용한 경우
배우자 명의 부동산	대금은 피상속인이 부담하고 등기만 배우자 명의로 한 경우
손자 명의 펀드가입	자금 출처와 운용 주체가 피상속인인 경우
사위 명의 차량	구매·유지비를 피상속인이 부담하고 본인이 사용한 차량

국세청은 상속세 과세 여부를 판단할 때 단순히 자산의 명의만 보는 것이 아니라, 자금 출처, 관리 권한, 사용 내역이라는 세 가지 핵심 요소를 종합적으로 분석한다. 자산의 취득 자금이 피상속인의 돈인지, 자산을 실제로 관리하고 운용한 사람이 누구인지, 그리고 해당 자산에서 발생한 수익이 누구의 생활비로 사용되었는지가 중요한 판단 기준이다. 이 세 가지 요건을 통해 실질적으로 피상속인에게 귀속된 자산이라고 판단되면, 명의와 관계없이 상속세 과세 대상에 포함된다.

판단 요소	주요 내용	입증 자료
자금 출처	자산 취득자금이 누구의 돈인지	계좌이체 내역, 입금자 기록 등
관리 권한	자산의 실제 보관자, 운용·인출 권한자는 누구인지	통장 보관자, 온라인 계정 로그인 이력 등
사용 내역	자산에서 발생한 수익이 누구에게 귀속되고 누구의 생활비로 쓰였는지	자동이체 내역, 보험료 납부 내역 등

☐ **사례1: 자녀 명의 적금 통장**

피상속인은 자녀 이름으로 적금 통장을 만들고 매달 200만 원씩 입금했지만, 해당 통장을 본인이 직접 보관하고 만기 자금도 생활비로 사용했다.

→ 국세청은 자금의 출처와 관리, 사용 내역을 종합해 이 적금을 자녀의 재산이 아닌 피상속인의 실질 재산으로 판단하

고 상속세를 부과했다.

□ 사례2: 사위 명의 자동차

피상속인은 사위 명의로 자동차를 구입했지만 차량 구입비와 유지비를 모두 부담하고 본인이 직접 운전했다.

→ 과세당국은 자금 출처와 사용 내역을 근거로 이 차량을 사위의 재산이 아닌 피상속인의 실질 재산으로 판단하고 상속세 과세대상에 포함시켰다.

□ 사례3: 손자 명의 보험계약

손자 명의의 저축성 보험이었으나 보험료를 할아버지가 전액 납입하고, 만기 해약환급금도 본인이 수령하였다.

→ 국세청은 명의와 무관하게 실질 소유자를 피상속인으로 판단했다. 그 결과 해당 보험은 명의신탁 자산으로 분류되어 상속세 과세대상에 포함되었다.

핵심정리

- 상속세는 자산의 형식적인 명의가 아니라 실제로 재산을 소유·관리하는 사람을 기준으로 과세된다.
- 자산의 자금 출처와 관리 권한, 사용 내역이 피상속인에게 있다면 명의자가 누구인지와 관계없이 상속재산으로 포함된다.
- 명의신탁이 확인되면 상속세가 부과되고, 만약 이를 실질적인 이전으로 본다면 증여세까지 추가로 과세될 수 있다. 따라서 실무에서는 자산별 자금 흐름과 관리 내역을 꼼꼼히 점검하고, 필요할 경우 명의이전과 증여세 신고를 함께 검토하는 것이 중요하다.

11

해외자산의 누락 리스크와 과세 방식

"아버지가 미국에 예금계좌를 가지고 계셨다는 걸 최근에 알게 되었는데, 이런 해외 자산도 국내 상속세 대상인가요?"

상속세는 국내 자산에만 부과된다는 오해가 있지만, 실제로는 그렇지 않다. 「상증법」에 따르면 국내 거주자의 경우 세계 어디에 있든 모든 재산이 상속세 과세 대상이 된다.[19]

따라서 해외 예금, 해외 부동산, 외화보험, 해외 주식·펀드, 해외 법인 지분, 해외 금고에 보관된 금괴나 미술품 등은 모두 상속세 과세 대상이 될 수 있다.

이때 중요한 것은 자산의 명의가 아니라 실질적인 소유자가 피상속인인지, 그리고 해당 자산이 경제적 가치를 가지며 이전이 가능한

---

[19] 거주자와 비거주자에 대한 자세한 내용은 본서 이론편 1장 상속세 기초를 참조하기 바란다.

지 여부다. 이러한 두 가지 요소가 상속세 과세 여부를 결정하는 핵심 기준이다.

자산 유형	예시
외화예금	미국, 일본, 유럽 등 외국 은행 계좌
해외부동산	콘도, 주택, 임야, 상가 등
해외주식 및 펀드	미국 ETF, 해외 상장주식, 외화펀드
해외법인 지분	외국법인 출자지분, 현지법인 소유권 등
외화보험	외국 생명보험, 투자보험 등
해외금고 자산	해외 보관 금괴, 귀금속, 미술품 등

해외자산 역시 국내 자산과 마찬가지로 상속일 기준 시가를 적용해 평가하며, 외화는 한국은행이 고시한 환율을 기준으로 원화로 환산해야 한다. 외화예금은 상속일의 잔액과 환율을 곱해 평가하고, 해외주식은 상속일 전후 4개월간의 평균 주가를 적용한다. 해외부동산은 상속일 기준 감정평가액이나 현지 공시가격을 사용하며, 해외펀드는 순자산가치(NAV)를 기준으로 평가 후 환율을 반영한다. 외화보험은 해약환급금을 기준으로 환산가를 적용해 산정한다. 이러한 평가를 위해서는 현지 감정평가서, 잔고증명서 등 객관적 자료 확보가 필수적이다.

자산 유형	평가 방법
외화예금	상속일 기준 잔액 × 당일 고시 환율

자산 유형	평가 방법
해외주식	상속일 전후 4개월 평균가 × 주식 수 × 환율
해외부동산	감정평가액 또는 공시가 기준 (상속일 기준)
해외펀드	NAV 기준 평가 + 환율 반영
외화보험	해약환급금 기준 + 환산가 적용

□ **사례1: 해외 예금 누락**

　피상속인은 홍콩 소재 은행 계좌에 USD 100,000을 보유하고 있었지만, 유족은 이를 인지하지 못하고 국내 자산만을 신고했다.

　→ 국세청은 CRS(국제 금융정보 자동교환 제도)를 통해 해당 계좌를 확인하고, 상속일 기준 한국은행 고시환율로 원화 환산한 후 상속세를 부과했다.

□ **사례2: 해외 부동산 누락**

　피상속인이 미국에 소형 아파트를 소유하고 있었으나 자녀가 이를 알지 못해 상속세 신고에서 제외했다. 그러나 국세청은 미국 세무당국과의 정보공조를 통해 해당 부동산을 확인하고 과세대상에 포함시켰다.

　→ 이 사례는 해외자산이 국제 정보교환 시스템을 통해 국세청의 정보망에 쉽게 노출될 수 있다는 점을 잘 보여 준다.

■ **<CRS 제도란?>**

　CRS(Common Reporting Standard)는 OECD가 추진한 국제 금융

정보 자동교환 시스템으로, 한국은 2017년부터 이 제도에 참여하고 있다. CRS는 각국 금융기관이 거주자의 해외 금융계좌 잔액, 이자, 배당 등 주요 금융 정보를 자국 세무당국에 보고하면, 이를 OECD 협약에 따라 각국 세무당국 간 자동으로 교환하는 방식이다. 한국의 경우 매년 9월경 국세청이 이 정보를 수집해 납세자의 해외 금융자산을 파악할 수 있으며, 미국은 별도의 FATCA 제도를 통해 정보를 공유한다.

핵심정리

- 국내 거주자의 상속세는 국내 재산에 한정되지 않고 전 세계 모든 재산을 과세 대상으로 한다.
- 해외 예금, 부동산, 주식, 보험 등 경제적 가치가 있는 자산은 반드시 신고해야 하며, 이를 누락하면 큰 세무 리스크로 이어질 수 있다.
- CRS 제도를 통해 국세청은 해외 금융 정보를 자동으로 수집하고 있어 적발 가능성이 매우 높다.
- 상속일 기준의 시가 평가와 한국은행 고시환율을 적용한 환산이 필요하며, 감정평가서나 잔고증명서 같은 객관적 자료를 준비해야 한다.
- 만약 신고를 누락하면 과소신고가산세와 납부불성실가산세는 물론, 상황에 따라 조세포탈로 간주될 수 있으므로 사전에 철저히 대응하는 것이 중요하다.

7장

절세보다 중요한
'세무 리스크 관리'

1

사전증여재산의
상속세 합산 규정과 그 영향

"아버지가 8년 전에 저에게 아파트를 증여하셨고, 그때 증여세도 냈는데 이번 상속세 계산에 그 아파트가 다시 포함됐어요. 이미 납세를 했는데 왜 또 반영되는 건가요?"

"사전증여는 증여세만 내면 끝나는 줄 알았는데, 상속세 계산에 다시 불리하게 적용될 수 있다고 들었습니다. 정말 그런 규정이 있나요?"

많은 사람들이 사전증여를 통해 상속세를 피할 수 있다고 생각하지만, 「상증법」은 상속 개시일 전 10년 이내 상속인에게 증여된 재산을 다시 상속세 과세가액에 포함하도록 규정하고 있다.[20] 이는 제13조에 명시된 '사전증여재산 가산 규정'에 따른 것으로, 비록 증여세

---

20 사전증여재산에 대한 자세한 내용은 본서 이론편 3장 상속재산 및 비과세를 참조하기 바란다.

를 이미 납부했다 하더라도 증여 시점이 10년을 넘지 않았다면 상속세 계산에 다시 반영된다. 따라서 사전증여는 단순히 증여세 납부로 끝나는 절차가 아니며, 증여 시점과 향후 상속 시점을 고려한 세무 전략이 반드시 필요하다.

1.1. 합산 방식과 세액 계산 구조

사전증여재산은 상속세 과세가액에 단순히 가액만 합산되며, 이미 납부한 증여세는 상속세 산출세액에서 차감된다. 하지만 상속세는 누진세율 구조를 적용하므로, 사전증여로 인해 과세표준이 커지면 상속세율 구간이 상승해 최종 세 부담이 증가할 수 있다. 예컨대 증여세를 2억 원 납부했더라도, 합산으로 인해 상속세율이 한 단계 올라가면 추가적인 세금이 발생할 수 있다.

- 세액 계산 구조

  상속세 과세가액 = 순상속재산 + 사전증여재산(10년 이내) 최종

  납부세액 = 상속세 산출세액 − 기납부 증여세

☐ 사례1: 사전증여 합산과세

피상속인은 2020년 아들에게 6억 원의 아파트를 증여하며 약 7,300만 원의 증여세를 이미 납부했다. 그러나 2025년 사망 시 상속재산이 10억 원으로 평가되었고, 증여한 아파트 6억 원이 「상증법」 제13조에 따라 상속세 과세가액에 합산되었다. 이로

인해 과세표준이 총 16억 원으로 상승하면서 상속세율이 상위 구간으로 올라갔고, 기납부한 증여세를 공제한 뒤에도 1억 5천만 원 이상의 추가 상속세를 부담해야 했다.

→ 이는 사전증여가 계획 없이 이루어질 경우 절세 효과는커녕 누진세율로 인해 이중 부담으로 이어질 수 있음을 보여주는 사례다.

1.2. 사전증여 관련 유의사항 및 추계 과세의 위험성

사전증여와 관련된 상속세 신고에서 자주 발생하는 실수는 크게 세 가지로 나눌 수 있다.

- 10년 기간 계산 오류

  단순히 연도 차이로만 계산해 사전증여 합산 여부를 잘못 판단하는 경우가 많다. 정확한 증여일과 사망일을 기준으로 한 일수 계산이 필요하다.

- 증여세 납부 사실 누락

  상속세 신고 시 이미 납부한 증여세를 기재하지 않으면 이중 과세가 될 수 있다. 기납부세액 공제 항목에 반드시 반영해야 한다.

- 동일 자산의 중복 상속 판단

  증여받은 자산을 상속 개시 시점까지 그대로 보유하고 있으면, 국세청이 이를 상속재산으로 중복 포함할 가능성이 있다. 증여 이후 관리 및 운용 내역을 명확히 해 두는 것이 중요하다.

증여 사실을 신고하지 않거나 증빙이 부족하면 국세청은 금융 거래 내역과 재산 이동 경로를 추적해 추계 과세를 할 수 있다.

예를 들어, 피상속인이 사망 직전에 거액의 현금을 인출하고 자녀 계좌로 송금한 경우, 자녀 명의 부동산에 피상속인의 자금 사용 흔적이 남아 있는 경우, 미성년 자녀 계좌에 단기간에 큰 금액이 입금된 경우 등이 대표적인 사례다. 이러한 정황은 국세청이 실질적인 사전증여로 간주해 상속세 과세가액에 합산할 가능성이 매우 높다.

□ **사례2: 증여세 신고누락**

피상속인은 2019년에 자녀에게 주식을 증여하고 증여세를 정상적으로 납부했지만, 2024년 상속세 신고 시 기납부 증여세를 신고서에 반영하지 않았다. 이로 인해 상속세에서 증여세가 공제되지 않아 이중 과세가 발생했고, 이후 세무조사에서 누락 사실이 확인되어 수정신고를 해야 했다. 이미 납부한 증여세는 환급받았으나, 과소신고가산세는 환급되지 않아 추가 부담이 발생했다.

→ 이 사례는 상속세 신고 시 기납부 증여세의 정확한 반영이 얼마나 중요한지를 보여 준다.

1.3. '10년의 덫'을 피하는 전략

사전증여를 절세 전략으로 활용하려면 충분한 기간 확보, 철저한 증빙 관리, 자산 운용의 독립성이라는 세 가지 요소가 필수적이다.

먼저 사전증여는 상속세 합산 규정의 적용을 피하기 위해 최소 10년 이상의 기간을 두고 실행하는 것이 바람직하다. 충분한 기간을 확보하면 증여 재산이 상속세 과세가액에서 제외되어 안정적인 상속 설계를 할 수 있고, 세부담도 효과적으로 분산시킬 수 있다.

둘째, 증여 후에는 증여세 신고서와 납부 영수증, 자산 평가 자료 등 관련 서류를 체계적으로 관리하는 것이 중요하다. 이러한 자료는 상속세 신고 시 기납부 증여세 공제의 근거가 되며, 자산 평가액의 적정성을 입증하는 역할도 하기 때문에 세무조사에 대비하는 필수적인 자료가 된다.

셋째, 증여받은 자산은 반드시 수증자가 독립적으로 운용해야 한다. 피상속인의 재산과 명확히 분리하여 관리하고, 수익과 사용 내역도 분리해 두어야 실질 귀속을 입증할 수 있다. 이를 통해 명의신탁으로 오해받는 것을 방지하고, 상속세 신고 시 과세 당국의 검증을 원활히 통과할 수 있다.

핵심정리

- 사망 전 10년 이내에 상속인에게 증여된 재산은 상속세 과세가액에 다시 합산된다.
- 이미 증여세를 납부했더라도 상속세가 누진세율 구조를 적용하기 때문에 과세표준이 커지면서 추가 세금 부담이 발생할 수 있다.
- 증여의 시점과 금액, 신고 내역은 철저히 관리해야 하며, 단기적인 절세만을 기대하고 무계획적으로 진행하는 사전증여는 오히려 상속세 부담을 더 키우는 결과를 초래할 수 있다.
- 이른바 '10년의 덫'은 생전 증여를 충분한 기간과 전략 없이 접근할 때 나타나는 전형적인 세무 리스크이므로, 안정적인 상속 설계를 위해서는 최소 10년 이상의 여유를 두고 전문가의 자문과 세액 시뮬레이션을 거쳐 계획적으로 실행하는 것이 필요하다.

2

가족 공동명의의 세법상 함정과 세무 리스크

"배우자와 아파트를 공동명의로 해 두면 상속세가 줄어든다는데, 실제로 그런 효과가 있나요?"

"자녀와 함께 사업체 지분을 공동명의로 가지고 있는데, 이런 경우 증여세 문제가 생길 수 있나요?"

우리나라에서는 부동산이나 금융자산을 가족과 공동명의로 보유하면 세금이 줄어든다는 인식이 널리 퍼져 있다. 하지만 세법은 명의가 아니라 자금의 출처와 수익 귀속 관계를 기준으로 과세 여부를 판단한다. 따라서 공동명의로 되어 있더라도, 자산 취득에 필요한 자금을 한 사람이 부담했거나 수익이 특정인에게만 귀속된다면, 그 자산 전체를 실질 보유자의 소유로 보아 상속세나 증여세가 부과될 수 있다.

2.1. 공동명의의 법적 구조와 세법적 해석

민법에서는 등기부등본이나 금융자산 명세서에 공동명의가 기재되면, 각 명의자가 법률상 공동 소유권을 가진다고 본다. 이 경우 공동 소유자는 재산 분할을 요구할 수 있는 민사적 권리를 갖는다.

반면 세법은 형식보다 실질을 중시한다. 재산의 자금을 누가 부담했는지, 실제로 누가 관리하고 통제했는지가 과세 기준이 된다. 따라서 공동명의라 하더라도 한 사람이 전액을 부담하고 재산을 지배했다면, 그 자산은 세법상 해당 인물의 소유로 보아 과세하는 것이 원칙이다.

결국 민법은 형식적 소유를, 세법은 실질적 귀속을 기준으로 삼는다. 공동명의를 계획할 때 이 차이를 이해하고 준비하는 것이 중요하다.

국세청은 공동명의 자산의 과세 여부를 판단할 때 서류상의 명의보다 실제 소유 관계를 중시한다. 자산 취득 시 자금을 누가 부담했는지, 발생한 수익이 누구에게 귀속되었는지, 자산을 실제로 관리한 사람이 누구인지, 그리고 이를 사용한 주체가 누구인지가 주요 기준이다. 이 요소들을 종합해 실질 소유자를 확정하고 과세 여부를 결정한다.

2.2. 세법상 추정 과세 방식

공동명의 재산은 서류상으로는 여러 사람이 함께 소유하는 것처럼 보이지만, 세법은 명의 자체보다 실제로 누가 자금을 마련하고 재산을 관리했는지를 더 중시한다. 그래서 부동산이나 주식처럼 고가의 자산을 공동명의로 취득하면 우선 자금 출처 조사가 이루어진다. 각 명의자는 자신의 지분을 어떤 자금으로 확보했는지 입증해야 하고, 배우자나 자녀가 별도의 소득 없이 지분을 갖고 있다면 그 부분은 무상 이전으로 간주되어 증여세가 부과될 수 있다.

또한, 공동명의가 형식적일 경우 명의신탁으로 간주되어 명의자는 과세 대상에서 제외되지만, 실질 소유자가 세금을 전액 부담하게 되며 추징 등 세무상 불이익이 발생할 수 있다.

결과적으로 공동명의라고 해서 자동으로 세금을 줄일 수 있는 것은 아니다. 자금의 출처와 소유 구조를 명확히 해 두지 않으면 예상치 못한 증여세가 발생할 수 있으므로, 공동명의를 계획하거나 유지할 때는 철저한 증빙과 준비가 필요하다.

☐ 사례1: 배우자와 부동산 공동명의 후 증여세 추징

A씨는 배우자와 5:5 비율로 공동명의 아파트를 구입했다. 그러나 계약금과 중도금 전액이 김 씨 명의의 계좌에서 지급되었고, 배우자는 별도의 소득이 전혀 없었다.

→ 이러한 상황에서 국세청은 형식상의 공동명의보다 실제 자금 부담을 기준으로 판단했다. 결과적으로 배우자 지분 50%는 실질적으로 A씨가 무상 이전한 것으로 간주되어 증여로 보았다. 이에 따라 배우자 몫에 대한 증여세 약 2,000만 원과 가산세가 함께 부과되었다.

☐ **사례2: 자녀 명의 주식 계좌**

피상속인은 생전에 자녀 명의로 수억 원대의 증권계좌를 개설하고 직접 운용했다. 하지만 자녀는 당시 대학생으로, 별도의 소득이나 자금 형성 능력이 전혀 없었다.

→ 상속 개시 후 국세청은 이 계좌의 자금 출처와 운용 실태를 조사했다. 그 결과 계좌의 실질적인 관리와 자금 조달이 모두 피상속인에게 있었던 점을 근거로, 해당 자산을 자녀의 재산이 아닌 피상속인의 것으로 보았다. 결국 이 증권계좌는 추정상속재산으로 간주되어 상속세 약 6천만 원이 추가로 부과되었다.

2.3. 공동명의에 대한 흔한 오해와 대응 전략

공동명의를 하면 세금이 줄어든다는 등 잘못된 상식들이 여전히 퍼져 있다. 아래는 대표적인 오해 사례들이다.

- 명의만 나누면 재산이 분산된다?

  겉으로 명의를 나눈 것만으로는 재산이 분리되지 않는다. 세법은 등기나 명세서보다 실제 자금 부담과 관리 주체를 기준으로 삼기 때문에, 실질 소유 구조가 같다면 한 사람의 재산으로 합산해 과세할 수 있다.

- 공동명의면 상속세가 줄어든다?

  공동명의라고 해서 상속세가 자동으로 낮아지지 않는다. 생전한 사람이 자산을 전적으로 관리·통제했다면, 세법은 그 재산 전체를 상속재산으로 보고 과세한다.
- 자녀 명의 통장은 세금과 무관하다?

  자녀 명의 통장이라도 자금을 부모가 마련하고 운용했다면 증여세나 상속세 대상이 될 수 있다. 이름만 자녀 앞으로 되어 있다는 이유만으로는 과세에서 벗어날 수 없다.

공동명의 자체가 문제되는 것은 아니다. 다만 세법은 명의보다 실제 소유 구조를 중시하므로, 몇 가지 기본 원칙을 지켜야 불필요한 세무 리스크를 줄일 수 있다.
- 각 명의자가 실제로 자금을 부담해야 한다.

  공동명의를 설정했다면 각자의 지분에 해당하는 자금을 직접 마련하고 그 출처를 입증할 수 있어야 한다. 계좌 이체 내역이나 대출 계약서 같은 객관적인 증빙을 미리 갖춰 두면 안전하다.
- 각자의 소득과 수익을 분리해 신고해야 한다.

  공동명의 자산에서 나오는 이자, 배당, 임대료는 각자의 지분에 따라 귀속시키고, 이를 해당 명의로 신고해야 한다. 수익의 흐름이 불분명하면 한 사람이 실질 소유자로 판단될 수 있다.
- 자산의 사용과 운용에도 각 명의자가 참여해야 한다.

  단순히 이름만 올리고 실제 관리와 운용을 특정인만 한다면, 세법은 그 재산을 한 사람의 소유로 간주할 가능성이 높다. 공동명의라면 각자가 재산의 운용에 일정 부분 직접 참여하는 것이 바람직하다.

□ **사례3: 안전한 공동명의 활용**

A씨는 배우자와 함께 공동명의로 오피스텔을 구입했다. 이때 배우자는 자신의 사업소득 계좌에서 1억 5천만 원을 출금해 매매 대금의 일부를 직접 부담했다.

→ 자금의 출처와 등기 명의가 일치했고, 이후 발생한 임대 수익도 각자의 지분에 맞춰 분할 수령했다. 이러한 구조는 세법상 실질과 명의가 일치하는 사례로, 과세상 별다른 문제가 발생하지 않았다.

핵심정리

- 공동명의는 겉으로 보기에는 재산을 나누어 소유하는 것처럼 보이지만, 세법은 형식적인 명의보다 실제 소유 구조를 더 중요하게 판단한다.
- 국세청은 자금 부담, 수익의 귀속, 자산의 사용과 관리 주체 등을 종합해 실질 소유자를 판단하며, 단순한 명의 분산만으로는 절세 효과를 기대하기 어렵다.
- 단순히 명의를 나누어 놓은 것만으로는 절세 효과를 기대하기 어렵고, 오히려 이러한 형식적인 공동명의는 세금 추징의 원인이 될 수 있다.
- 공동명의를 절세 목적으로 활용하려면 각 명의자가 실제로 자금을 부담하고, 발생한 수익을 명확히 분리해 신고하며, 자산의 운용과 사용에도 직접 참여하는 등 실질적인 요건을 충족해야 안전하다.

3

명의신탁에 대한 과세와 리스크 관리

"자녀 명의로 고액 예금계좌를 만들어 운용했는데, 이런 경우 세금 문제가 발생할 수 있나요?"

"배우자 명의로 별장과 토지를 사뒀는데, 이게 상속세 과세 대상이 될 수도 있나요?"

우리나라에서는 오랫동안 부동산이나 금융자산을 실제 소유자가 아닌 가족 명의로 등록하는 이른바 '명의신탁' 관행이 널리 퍼져 있었다. 하지만 세법은 자산의 형식적 명의보다 실질적인 소유관계를 기준으로 과세 여부를 판단한다. 따라서 명의만 빌린 자산은 증여나 상속으로 간주되어 과세될 수 있고, 경우에 따라 가산세나 추징세, 심지어 형사처벌까지 이어질 수 있다. 절세 목적이었더라도 명의신탁은 오히려 세무 리스크를 높이는 결과가 될 수 있으므로, 자산 명의와 실질 소유자가 일치하도록 관리하는 것이 중요하다.

3.1. 명의신탁이란 무엇인가?

명의신탁은 서류상으로는 타인의 이름으로 재산이 등재되어 있지만, 실제로는 다른 사람이 자금을 부담하고 재산을 실질적으로 관리하는 경우를 말한다. 예를 들어, 등기상 소유자가 B라 하더라도, 실제로 자금을 투입하고 자산을 통제한 사람이 A라면 그 재산의 실질 소유자는 A로 간주된다. 이처럼 형식상의 명의와 실제 소유자가 불일치하는 상황이 명의신탁이다.

자금을 제공하거나 재산의 운용을 실질적으로 맡는 사람은 실명자, 즉 실질 소유자로 분류되며, 반대로 단순히 이름만 빌려주는 사람은 명의자, 즉 형식상의 소유자가 된다. 세법은 이런 경우 명의가 아닌 실제 소유자를 기준으로 과세하는 실질소유자주의를 적용한다. 따라서 명의만 빌렸다는 이유로 과세 책임에서 벗어날 수 없으며, 명의신탁은 과세와 관련해 매우 높은 세무 리스크를 내포한다.

3.2. 명의신탁의 주요 유형

명의신탁은 재산의 명의와 실제 소유 관계가 불일치하는 상황으로, 공통적으로 자산의 통제권과 자금의 출처가 명의자가 아닌 제3

자에게 있다는 특징이 있다. 이러한 형태는 여러 자산 유형에서 나타나며, 가장 흔한 유형은 다음과 같다.

첫째, 부동산 명의신탁이다. 예를 들어, 부모가 자녀 이름으로 아파트를 매입하고 해당 부동산의 임대수익을 직접 관리한다면, 실질적인 소유와 운용은 부모에게 있다고 본다.

둘째, 사업자 명의신탁이다. 실제로 사업을 운영하는 사람이 따로 있으면서 직원이나 친인척의 이름으로 사업자등록을 해 두는 방식이 여기에 해당한다.

셋째, 금융자산 명의신탁이다. 부모가 자녀 명의의 통장을 개설한 후 예금이나 주식을 운용하고 수익을 직접 관리하는 경우가 대표적이다.

마지막으로, 법인주식 명의신탁이 있다. 실질적인 대주주가 자신의 지분을 분산시키기 위해 가족 명의로 회사 주식을 보유하는 형태가 이에 해당한다.

이와 같이 명의신탁은 자산의 종류에 따라 다양한 형태로 나타나지만, 공통적으로 명의와 실질 소유가 불일치할 경우 세법은 이를 그대로 인정하지 않고 실질 소유자를 기준으로 과세한다.

3.3. 세법상 명의신탁의 과세 방식

명의신탁은 상황에 따라 증여나 상속으로 간주될 수 있으며, 사업체의 경우 다른 세목의 과세 문제로 이어지기도 한다.

첫째, 증여로 간주되는 경우다. 부모가 자녀 명의로 부동산을 취득하거나 예금을 등록했는데 자금의 출처가 전부 부모에게 있고 자녀는 별도의 소득이 없다면, 세법은 해당 재산을 사실상 부모가 무상으로 이전한 것으로 본다. 이 경우 증여세가 부과되며, 자녀는 수증자로서 납세의무를 지게 된다.

둘째, 상속으로 보는 경우다. 자녀 명의로 된 재산이라도 부모가 사망 직전까지 해당 자산을 직접 통제하고 관리했다면, 명의와 관계없이 국세청은 이를 피상속인의 재산으로 추정한다. 이러한 자산은 '추정상속재산'으로 분류되어 상속세 과세 대상이 된다.

셋째, 사업체·법인 명의신탁이다. 사업자등록이나 법인 명의가 실제 운영자가 아닌 다른 사람의 이름으로 되어 있다면, 세법은 명의자가 아닌 실질 운영자를 기준으로 소득세와 법인세, 부가가치세를 부과한다. 이는 명의신탁이 단순한 형식상의 편의가 아니라, 다수의 세목에서 과세 문제를 일으킬 수 있는 높은 세무 리스크임을 보여준다.

한편, 명의신탁은 단순히 세금을 계산하는 문제에 그치지 않고, 경우에 따라 「조세범처벌법」 적용으로 형사처벌까지 이어질 수 있다. 특히 이 행위가 세금 회피나 재산 은닉을 목적으로 한 고의적인 것으로 판단되면, 단순한 세법 위반을 넘어 형사범죄로 간주된다. 이 때문에 명의신탁은 세무 리스크뿐만 아니라 법적·형사적 부담까지 수반하는 고위험 행위로 본다.

□ **사례1: 자녀 명의 부동산 → 상속세 추징**

　피상속인은 사망 전에 자녀 명의로 오피스텔을 구입한 뒤, 해당 부동산에서 나오는 임대수익을 모두 본인이 관리하고 사용했다. 상속 개시 후 국세청은 자금의 출처와 수익의 귀속 관계를 조사해, 이 자산의 실질 소유자가 자녀가 아니라 피상속인이라고 판단했다.

　→ 그 결과 오피스텔은 상속재산에 합산되었고, 이에 따라 상속세 4,500만 원과 가산세가 함께 부과되었다.

□ **사례2: 직원 명의 사업자등록 → 조세포탈 판정**

　A씨는 본인이 음식점을 실질적으로 운영했지만, 사업자등록은 직원의 명의로 내 두었다. 세무조사 과정에서 영업의 실질적인 의사결정과 자금 운용이 모두 A씨를 중심으로 이루어진 사실이 드러났다. 국세청은 이를 명의신탁으로 보고 형식상의 명의자가 아닌 A씨를 실질 운영자로 판단했다.

　→ 이로 인해 소득세와 부가가치세 약 2억 원이 추징되었고, 동시에 조세포탈 혐의가 적용되어 형사 고발까지 이어졌다.

3.4. 명의신탁 해소 전략

　이미 명의신탁으로 보이는 자산이 있다면 방치하지 않고 조기에 정리하는 것이 이후의 세무 리스크를 줄이는 가장 확실한 방법이다. 명의신탁 상태의 자산은 빠르게 정리하고 투명한 소유 구조를 갖추는 것이 장기적으로는 가장 안전한 대응이다.

- 소유권 이전

  명의자가 자산을 실질 소유자에게 다시 이전하면 명의신탁 해지로 처리될 수 있으며, 이 경우 등록세 감면이 적용될 가능성이 있다.

- 자금출처 증빙 확보

  계좌 이체 내역이나 대출계약서, 차용계약서 등을 통해 자금의 흐름을 명확히 해 두면 소유권 관계를 정당하게 입증할 수 있다.

- 실질 증여로 전환

  명의신탁 해지가 어렵다면 해당 자산을 정식으로 증여 신고하고 증여세를 납부해 향후 상속세 과세 시 발생할 세무 리스크를 방지할 수 있다.

핵심정리

- 명의신탁은 세법상 인정되지 않는 구조이며, 자산의 실질 소유자가 누구인지에 따라 증여세, 상속세, 소득세가 부과될 수 있다.
- 국세청은 단순히 명의만 보지 않고 자금의 실제 출처, 수익이 귀속된 계좌, 자산의 사용 권한을 종합적으로 살펴 실질 과세 원칙을 적용한다.
- 명의신탁은 단순히 과세에 그치지 않고, 세무조사 결과에 따라 가산세와 추징세가 부과될 수 있으며, 고의성이 확인되면 형사처벌까지 이어질 위험이 있다.
- 이미 명의신탁 상태라면 최대한 빨리 구조를 해소하거나, 정식 증여 절차를 통해 정상적으로 전환하는 것이 장기적으로 안전하다.
- 가족 간 명의를 분산시키는 방식은 절세 전략으로 오해되기 쉽지만, 실질 소유 구조가 불명확하면 오히려 심각한 세무 리스크를 발생시키는 고위험 구조가 될 수 있다.

4

공제 요건 착오로 인한 상속세 세무 리스크

"배우자 상속공제를 신청했는데 국세청에서 인정하지 않았어요. 배우자가 실제로 상속을 안 받아도 되는 줄 알았거든요."

"동거주택 상속공제를 받을 수 있다고 해서 신청했는데, 주민등록만 같다고 해서 되는 게 아니더라고요. 실제 거주와 생계를 같이 했다는 걸 증명해야 한다고 하더군요."

상속세에는 배우자공제, 동거주택공제 등 다양한 절세 제도가 마련되어 있지만, 이들 공제는 정해진 요건을 충족해야만 적용된다. 수천만 원에서 수억 원까지 세금을 줄일 수 있는 유용한 수단이지만, 단순히 형식적인 서류만으로는 인정되지 않으며, 요건 미비나 증빙 부족 시 국세청은 공제를 전액 부인할 수 있다. 따라서 공제를 활용하기 위해선 각 제도의 적용 요건을 명확히 이해하고, 관련 증빙을 사전에 철저히 준비하는 것이 중요하다.

4.1. 공제는 '자동 적용'되지 않는다

 상속세 공제는 대체로 신청주의를 원칙으로 한다. 따라서 신고서에 해당 공제를 명확히 기재하지 않으면 아무리 요건을 충족했더라도 혜택을 받을 수 없다. 또한 공제의 적용을 위해서는 요건 충족 여부를 보여주는 증빙자료가 필수적이다. 계좌이체 내역, 가족관계증명서, 거주 사실을 입증할 서류 등은 공제 인정의 핵심 자료가 되며, 이를 빠뜨리면 국세청은 공제를 부인할 수 있다. 그러므로 상속세 절감을 위해서는 공제 항목을 빠짐없이 신고하고 증빙을 철저히 갖추는 것이 중요하다.

4.2. 배우자공제: 실제 상속받아야 공제된다

 상속세에서 배우자공제는 배우자가 상속받은 재산에 대해 최대 30억 원까지 세금을 줄여 주는 중요한 제도다. 하지만 이 공제는 배우자라는 신분만으로는 인정되지 않는다. 법은 실제로 재산을 상속받은 경우에만 공제를 허용하기 때문이다.
 예를 들어, 배우자가 상속을 포기하고 자녀만 전 재산을 상속받았다면 배우자공제는 적용되지 않는다. 또한 상속 협의가 이루어지지 않았거나 배우자 명의로 된 재산이 전혀 없는 경우에도 국세청은 공제를 부인한다. 그러므로 배우자공제를 받으려면 배우자가 실질적으로 상속재산을 확보하고, 그 소유권이 명확히 확인되어야 한다.

항목	요건 내용
배우자 자격	민법상 배우자(이혼, 사실혼 제외)
실제 상속 여부	유언장, 협의분할서, 등기 등으로 귀속 확인 필요

☐ **사례1: 협의 없이 배우자공제 부인된 사례**

피상속인 사망 후 상속재산이 모두 자녀에게 분배되고 배우자가 아무런 재산도 상속받지 않은 경우, 국세청은 배우자가 실질적으로 취득한 상속재산이 없다는 점을 들어 배우자공제를 적용하지 않았다.

→ 배우자공제는 배우자라는 신분만으로는 적용되지 않고, 실질적인 상속이 있어야만 인정된다는 점을 보여 주는 사례다.

4.3. 동거주택공제: 단순 주민등록 일치만으론 부족하다

동거주택공제는 피상속인과 장기간 함께 생활한 상속인의 상속세 부담을 줄이기 위해 마련된 제도다. 피상속인과 10년 이상 동거한 상속인이 해당 주택을 상속받으면 최대 6억 원까지 세금을 줄일 수 있다.

그러나 이 공제는 단순히 주민등록상의 주소만 같다고 자동으로 적용되지는 않는다. 실제로 피상속인과 동일한 세대를 이루고 실질적으로 거주했다는 사실을 증명해야 한다.

예를 들어, 주소는 같지만 세대가 분리되어 있었거나, 해외 체류 등으로 실거주 기간이 불연속적이었다면 공제가 인정되지 않는다. 또한 등기상 주택과 실제 거주 주택이 일치하지 않을 경우에도 공제는 부인된다.

그러므로 동거주택공제를 받으려면 단순 형식이 아니라 실질적인 동거와 동일세대 요건을 충족해야 한다.

항목	요건 내용
동거 기간	사망 전 10년 이상 실거주
세대 일치	주민등록상 동일 세대 구성
주택 요건	피상속인의 주된 생활 근거지
상속인 자격	배우자, 자녀, 형제자매 등 법정 상속인에 한정

☐ 사례2: 세대분리로 공제 거절된 사례

피상속인의 딸은 11년 동안 같은 아파트 주소에 주민등록이 되어 있었지만, 세대가 분리되어 있어 세대주가 달랐다. 상속세 신고 후 국세청은 이 점을 근거로 동일세대 요건이 충족되지 않았다고 판단했다.

→ 그 결과 동거주택공제는 적용되지 않았으며, 단순히 주소만 같다고 해서 공제가 인정되지 않는다는 점을 보여 주는 사례가 되었다.

4.4. 금융재산공제: 비율 기준과 순자산 개념의 오해

 금융재산공제는 금융자산이 일정 비율을 넘으면 순금융자산의 20%, 최대 2억 원까지 공제하는 제도다. 그러나 금융자산이 있다는 이유만으로 자동 적용되는 것은 아니다. 총상속재산 중 금융자산의 비율이 요건을 충족해야 하며, 금융채무(대출, 마이너스 통장 등)를 차감한 순자산을 기준으로 계산된다는 점에 유의해야 한다.

항목	조건 내용
비율 요건	금융자산이 총상속재산의 50% 이상
공제 기준	순금융자산(금융자산 - 금융채무)의 20%, 최대 2억 원
적용 자산	예금, 주식, 채권, 펀드 등 금융성 자산 전반

☐ **사례3: 금융채무 누락으로 가산세 발생**

 피상속인의 유족은 상속재산 중 금융자산이 5억 원이라며 금융재산공제를 전액 신청했다. 그러나 해당 계좌에는 2억 원 규모의 대출 채무가 있었음에도 이를 차감하지 않아 순금융자산 계산이 잘못되었다. 세무조사에서 이 사실이 확인되자 국세청은 과다 신청으로 판단하고 공제액을 조정했으며, 누락된 채무 반영으로 인해 가산세까지 함께 추징했다.

  → 이 사례는 금융재산공제 신청 시 반드시 대출과 마이너스 통장 등 금융채무를 포함해 순자산을 정확히 계산해야 함을 보여 준다.

4.5. 채무·장례비 공제: 증빙 미비로 인한 부인 사례

　상속세에서 채무공제를 적용하려면 몇 가지 엄격한 요건을 충족해야 한다. 우선 채무는 반드시 피상속인 명의로 존재해야 하며, 사망 당시 이미 확정된 채무만 공제가 가능하다. 따라서 공동명의 채무는 피상속인의 부담분만 비율에 따라 인정될 수 있고, 사망 이후 새로 발생한 채무는 원칙적으로 공제 대상에서 제외된다.

　장례비 공제 역시 요건이 정해져 있다. 상속인의 수에 따라 일정 금액을 정액으로 인정하며 최대 한도는 1천만 원이다. 다만 장례식에서 받은 조의금이나 제사 비용 등은 상속세법상 장례비용에 포함되지 않으므로 공제 신청 시 유의해야 한다. 따라서 이 두 가지 공제는 적용 요건과 범위를 정확히 이해하고 증빙을 갖추는 것이 중요하다.

☐ 사례4: 장례비 과다 신청으로 정정 요구

　피상속인의 유족은 상속세 신고 시 장례비용으로 1,800만 원을 공제 항목에 반영했다. 그러나 국세청은 장례비 공제의 최대 한도인 1천만 원을 초과했다는 이유로 수정신고를 요청했다. 이 사례에서 국세청은 단순한 계산 착오로 보고 신고불성실 가산세는 부과하지 않았지만, 한도를 넘어선 부분에 대해서는 가산세 면제도 허용하지 않았다.

　→ 이처럼 장례비 공제는 정액 기준이 명확하므로, 한도 초과 여부를 반드시 확인해야 한다.

핵심정리

- 상속세 공제는 단순히 요건을 갖췄다고 자동으로 적용되는 제도가 아니다. 신고 시 공제 항목을 정확히 기재하고, 요건 충족을 입증할 증빙을 함께 제출해야만 인정된다.
- 배우자공제, 동거주택공제, 금융재산공제와 같이 금액이 크거나 요건이 까다로운 항목은 실무에서 착오가 잦고 증빙 누락도 빈번하다.
- 공제를 잘못 적용하면 추후 세무조사에서 공제가 전액 부인되고 추징세와 가산세가 함께 부과될 수 있다.
- 상속세 절감을 위해 공제를 활용하려면 단순히 항목만 확인할 것이 아니라, 제도의 구조와 요건을 정확히 이해하고 필요 시 전문가의 검토를 거쳐 신고하는 것이 안전하다.

5

채무공제가 부인되는 사례와 리스크 관리

"아버지 명의로 대출이 있었기 때문에 상속세 신고 시 채무공제를 신청했는데, 국세청에서 전액 인정하지 않았습니다. 분명 실제 채무가 있었는데 왜 그런 건가요?"

"사망 당시 카드대금이나 병원비가 남아 있었는데, 이런 비용들도 채무공제 대상이 되는지 알고 싶습니다."

상속세는 피상속인의 순재산에 대해 과세하므로, 사망 당시 확정된 채무는 과세가액에서 공제할 수 있다.[21] 그러나 실무에서는 이 채무공제가 기대대로 적용되지 않는 경우도 많다. 피상속인 명의가 아닌 채무이거나, 사망 시점에 금액이 확정되지 않았거나, 차용증, 계좌이체 내역 등 관련 증빙이 부족하면 국세청은 해당 채무를 인정하

---

21 채무공제에 대한 자세한 내용은 본서 이론편 3장 상속재산 및 비과세를 참조하기 바란다.

지 않는다. 이로 인해 예상보다 많은 상속세가 부과되는 사례도 적지 않다. 따라서 채무공제를 받기 위해서는 공제 요건을 충족했는지 사전에 확인하고, 관련 서류를 충분히 준비해 두는 것이 중요하다.

5.1. 채무공제의 부인 사례

☐ **사례1: 보증채무는 공제 불가**

피상속인은 지인의 사업자금을 위해 보증을 섰으나, 사업이 부도로 이어지면서 변제 책임이 발생했다. 상속 개시 후 유족은 해당 보증채무를 상속세 신고 시 채무공제로 반영해 줄 것을 신청했다. 그러나 국세청은 보증채무는 단순한 책임만으로는 인정되지 않으며, 실제 변제가 이루어진 후에야 공제가 가능하다는 점을 근거로 전액을 부인했다.

→ 이 사례는 상속세에서 보증채무가 공제되기 위해서는 사망 당시 확정성뿐 아니라 실질적인 변제가 필요하다는 점을 보여 준다.

☐ **사례2: 공동명의 채무는 일부만 인정**

피상속인은 배우자와 공동명의로 아파트를 취득하며 금융기관에서 1억 원을 대출받았다. 상속 개시 당시 해당 대출의 잔액은 1억 원이었으나, 국세청은 이 채무가 공동명의 부동산과 관련된 것이라는 점을 근거로 피상속인 지분에 해당하는 50%만을 인정했다. 그 결과 상속세 과세가액에서 공제된 금액은 5천만 원에 그쳤다.
> → 이 사례는 공동명의 자산과 관련된 채무는 각자의 지분에 따라 한정적으로 공제된다는 점을 보여 준다.

□ **사례3: 병원비 및 간병비 불인정**

피상속인이 사망한 후 유족은 요양원과 병원으로부터 장례 절차와 관련된 비용 청구서를 받았다. 이 금액은 총 1,200만 원에 달했으며, 유족은 상속세 신고 시 이를 채무공제로 반영했다. 그러나 국세청은 해당 채무가 사망 이후에 발생한 비용이라는 점을 들어 공제 요건을 충족하지 않는다고 판단했다.
> → 결국 이 금액은 전액 상속세 과세가액에 포함되었으며, 채무공제는 사망 당시 이미 확정된 채무만 인정된다는 원칙을 보여 주는 사례가 되었다.

□ **사례4: 관리비·공과금 불인정**

피상속인이 사망한 이후에도 아파트 관리비, 휴대전화 요금, 자동차세 등이 청구되었으나, 국세청은 이러한 비용을 상속 개시 이후 상속인의 책임으로 발생한 것으로 보았다. 그 결과 이들 항목은 상속세 신고 시 채무공제로 인정되지 않고 과세가액에서 제외되지 않았다.
> → 이 사례는 사망 이후 발생한 비용은 원칙적으로 상속인의 부담으로 간주되어 공제 대상에 포함되지 않는다는 점을

보여 준다.

□ **사례5: 차용증 없는 사적 채무 부인**

　피상속인의 유족은 생전에 지인으로부터 3천만 원을 빌렸다는 가족의 진술을 근거로 상속세 신고 시 채무공제를 신청했다. 하지만 해당 채무를 입증할 차용증이 존재하지 않았고, 금융계좌를 통한 자금 이체 내역도 확인되지 않았다. 국세청은 이러한 점을 들어 해당 금액이 실제로 발생한 채무라고 보기 어렵다고 판단하고 공제를 전액 부인했다.

　→ 이 사례는 상속세에서 채무공제를 인정받기 위해서는 가족의 진술만으로는 부족하며, 객관적인 계약서와 금융 기록이 반드시 필요하다는 점을 보여 준다.

□ **사례6: 카드대금 공제 거절**

　피상속인이 사망 직전에 사용한 카드대금이 500만 원 있었으나, 상속세 신고 시 카드 명세서나 미납 고지서, 구체적인 사용 내역과 같은 객관적인 증빙자료가 제출되지 않았다. 국세청은 이러한 채무가 실제로 존재한다는 근거가 부족하다고 판단해 채무공제를 전액 부인했다.

　→ 이 사례는 상속세에서 채무공제를 적용하려면 단순한 주장만으로는 부족하며, 금융기관이 발행한 명세서와 청구서 등 확실한 증빙이 필요함을 보여 준다.

□ **사례7: 허위 채무공제로 세무조사 대상**

피상속인의 유족은 상속세를 줄이기 위해 실존하지 않는 지인과의 허위 차용계약서를 작성하고, 1억 원의 가공 채무를 상속세 신고에 포함시켰다. 국세청의 조사에서 이 채무와 관련된 자금 거래 내역은 전혀 확인되지 않았으며, 계약서에 기재된 차용자 역시 실존하지 않는 인물이라는 사실이 드러났다.

국세청은 이를 단순한 오류가 아닌 고의적인 조세포탈 시도로 보고, 허위 채무 전액의 공제를 취소하고 과소신고가산세 10%를 부과했다. 또한 세무조사를 즉시 착수했으며, 형사고발 여부까지 검토했다.

→ 이 사례는 허위 채무를 통한 공제 신청이 단순한 추징을 넘어 형사처벌까지 확대될 수 있다는 점을 명확히 보여 준다.

5.2. 채무공제의 리스크 관리

상속세에서 채무공제를 인정받기 위해서는 채무의 종류에 맞는 객관적인 증빙자료를 갖추는 것이 필수다. 예를 들어, 금융기관 대출의 경우 대출계약서와 잔액증명서, 그리고 상환 스케줄이 필요하다. 병원비나 요양비는 병원에서 발행한 진료비 명세서와 청구서를 통해 실제 발생한 비용임을 입증해야 한다.

카드대금은 카드사에서 발행한 명세서와 미납내역, 사용 내역서가 기본 증빙이 된다. 보증채무는 보증계약서와 함께 실제로 변제를 한 사실을 확인할 수 있는 자료가 있어야 공제가 가능하다. 마지막으로 사적 금전거래는 차용계약서와 계좌 입금 내역, 이자 지급 자료 등 거래의 실질을 보여 줄 수 있는 서류가 필수다.

이처럼 채무공제는 단순한 진술만으로는 인정되지 않으며, 유형별로 적합한 증빙을 준비해야 안전하게 공제를 받을 수 있다.

핵심정리

- 상속세에서 부채를 공제받기 위해서는 몇 가지 엄격한 요건을 충족해야 한다.
- 채무는 반드시 피상속인 명의의 확정된 채무여야 하며, 사망 당시 이미 존재하고 이를 뒷받침할 수 있는 증빙 자료가 갖춰져야 한다.
- 보증채무의 경우 단순한 보증 책임만으로는 인정되지 않고, 실제 변제가 이루어진 금액만 공제된다. 또한 공동명의 채무는 전체 금액이 아니라 피상속인 지분에 해당하는 부분만 차감할 수 있다.
- 반대로 사망 이후 발생한 비용이나 단순 구두 약정, 허위로 작성된 채무는 대부분 공제가 인정되지 않는다.
- 채무공제를 악용하면 국세청 세무조사와 가산세 부과는 물론, 고의성이 확인될 경우 형사처벌까지 이어질 수 있다.
- 채무공제는 철저한 증빙 확보와 사전 검토를 통해 정당성을 입증하는 것이 무엇보다 중요하다.

6

고평가된 감정가의 문제와 세무 리스크

"상속세 신고를 위해 감정평가를 받았는데, 나중에 국세청이 실제 시가보다 평가액이 높다고 지적하면서 과세 문제를 제기했습니다. 감정가가 과도하게 산정된 경우 어떻게 대응해야 하나요?"

"감정평가가 너무 높게 나와서 상속세를 예상보다 많이 냈습니다. 이런 경우 평가를 다시 받아 세액을 정정할 수 있는 방법이 있는지도 궁금합니다."

상속세 신고 시 시가를 확인하기 어려운 자산은 감정평가서를 통해 가액을 산정하는 경우가 많다. 특히 비상장주식, 개발 가능 토지, 임야, 고가 미술품처럼 객관적인 시세가 없는 자산은 감정에 의존해 과세 기준을 정하게 된다.

하지만 감정가란 절대적인 수치가 아니라, 평가 방법이나 가정에 따라 달라질 수 있으며 평가자의 판단이 일부 반영된 결과다. 따라서 실제 시가보다 과도하게 높게 산정되면 납세자는 그만큼 불리한 세금을 부담하게 된다.

이 경우 이미 납부한 세액이 과다했다면, 감정평가의 객관성에 문제가 있음을 입증할 수 있는 자료를 확보한 후 경정청구를 통해 세액을 정정할 수 있다. 향후에는 복수의 감정평가를 활용하거나, 국세청과의 이견이 예상되는 자산의 경우 사전협의를 거치는 방식으로 평가의 적정성을 확보하는 것이 바람직하다.

6.1. 감정가 활용의 법적 근거

상속세법은 평가기준일 현재의 시가를 재산가액으로 보고 있으며, 시가의 범위에 감정가액을 포함하도록 규정하고 있다. 또한 시가를 직접 산정하기 어려운 경우에는 두 곳 이상의 감정기관 또는 감정인이 평가한 금액의 평균을 시가로 인정하도록 하고 있다. 이러한 규정은 비상장주식, 거래사례가 부족한 토지, 희소성이 큰 미술품 등의 평가에 활용된다.

2025년 6월 개정된 상속세 및 증여세 사무처리규정은 이 원칙을 확장하여 모든 부동산 자산과 비상장 법인 주식의 평가 시 감정평가를 적극적으로 활용하도록 명문화하고 있다. 특히 나대지, 임야, 입주권, 분양권, 전세권, 지상권 등 다양한 부동산 유형과 법인 보유 부동산까지 범위가 확대되었다.

비상장주식은 거래사례가 적고 가치 변동성이 커 감정평가가 필요하며, 토지·임야는 공시지가만으로는 실제 가치를 반영하기 어려운 경우가 많다. 상가건물은 임대료, 입지, 감가요소 등 다양한 변수가 작용해 단순한 산정이 어렵고, 미술품과 골동품은 개별 자산의 고유성과 희소성 때문에 객관적 시가 산정이 거의 불가능하다.

따라서 객관적인 시세를 확인하기 힘든 경우에는 2곳 이상의 감정평가법인 또는 감정인이 산정한 금액의 평균을 과세 기준으로 삼는다. 이는 개별 평가의 편차를 줄이고 과세의 공정성을 확보하기 위한 장치다.

6.2. 고평가된 감정가의 문제와 원인

감정평가액은 시장 상황과 불일치할 수 있으며, 평가 시점의 차이나 시장 변동성, 감정 절차의 한계로 인해 실제 거래가격보다 높게 산정되는 사례가 존재한다. 이런 경우 납세자는 시세와 동떨어진 금액을 기준으로 상속세를 부담하게 된다.

2025년 6월부터는 모든 부동산과 비상장주식에 대해 감정평가를 의무적으로 적용하는 '시가주의 강화 규정'이 시행되면서 이러한 리스크가 커졌다. 특히 농지에 대한 예외 규정이 삭제되고, 법인이 보유한 부동산도 평가 대상에 포함되면서 실제 가치보다 높은 평가액이 과세 기준이 될 가능성이 높아졌다. 특히 시장 가격이 하락하더라도 평가액을 크게 낮추기 어려워 과세 기준과 현실 간의 간극이 더 커질 수 있다.

상속세 신고에서 감정가가 높게 산정되는 원인은 몇 가지가 있다.

첫째, 감정기관마다 가치 산정 기준과 적용 사례가 달라 결과가 편차를 보일 수 있다.

둘째, 자산의 개발 가능성, 희소성 등 잠재적 가치를 과도하게 반영해 기대 요인이 과대평가될 수 있다.

셋째, 평가일과 상속 개시일 간 시차가 크면 시장 변동성을 제대로 반영하지 못해 현실과 괴리가 발생한다.

☐ 사례1: 감정가 과다로 상속세 부담 증가

피상속인의 유족은 토지를 평가하기 위해 두 개의 감정평가법인에 의뢰했고, 평균 감정가는 16억 원으로 산출됐다. 그러나 동일 지역 실거래가는 13억 원 수준에 불과했다. 국세청은 이 평가액을 시가로 인정했고, 유족의 경정청구는 기각되었다. 결과적으로 약 4천만 원 이상의 상속세를 추가로 납부하게 되었다.

→ 2025년 1분기 국세청 감정평가 자료에서도 유사한 사례가 다수 확인된다. 실제로 신고가 대비 감정가액은 평균 87.8% 증가했으며, 단독주택은 151%, 일부 꼬마빌딩은 최대 433%까지 평가액이 상승했다.

☐ 사례2: 감정가 부인으로 과소신고가산세 부과

비상장주식을 12억 원으로 감정평가하고 상속세를 신고했으나, 이후 기업 매출 급감으로 국세청이 시가를 9억 원으로 재산정했다. 이로 인해 일부 공제가 무효 처리되고 과소신고가산세까지 부과되었다.

→ 이는 평가 시점과 기업 실적 변화가 비상장주식의 감정가에 미치는 영향을 보여 준다. 최근 서울고법 판례(2023-누-42333)도 감정가 부인의 정당성을 인정하고 있다. 감정가가 과세 당국의 사후 검증에서 변경될 위험이 있다는 점을 보여 준다.

6.3. 고평가된 감정가의 세무 리스크

감정평가액이 실제 시세보다 높게 산정되면 상속세와 증여세에서 다양한 세무 리스크가 발생한다.

감정평가액이 높으면 과세표준이 급격히 상승하여 세금 부담이 크게 늘어날 수 있다. 공시가격은 시세 대비 약 60% 수준인 반면, 감정가액은 평균적으로 시세의 80%에 달해 세금 부담이 커질 수 있다. 이후 시장 가격이 하락해도 이미 확정된 세액은 환급이 어렵다.

또한 예상치 못한 추가 과세 위험도 있다. 감정가가 실제 시세보다 높으면 상속·증여 시점의 평가액과 시장 거래가 간 차이로 인해 추가 세금이 발생할 수 있다. 특히 비상장주식은 감정가액으로 과세되지만 실제 매도가는 그보다 낮은 경우가 많아 납세자의 부담이 가중된다. 2025년부터는 법인 보유 부동산도 감정평가를 통해 주식가치에 반영되므로, 가족법인과 중소기업까지 이 리스크가 확산된다.

아울러 감정가로 신고한 후 국세청이 이를 문제 삼으면 신고자에게 책임이 돌아갈 수 있다. 이 경우 감정평가 수수료뿐 아니라 세금 분쟁과 불복 소송까지 발생할 가능성이 있다.

한편, 상속세 신고에서 감정평가액은 중요한 근거가 되지만, 국세청은 일정 요건을 충족하지 못하면 이를 부인하고 자체적으로 시가를 재산정한다. 대표적인 사례는 다음과 같다.

첫째, 비교사례가 부족하거나 부적절한 경우다. 감정평가에서 인용한 거래사례가 너무 적거나 유사성이 떨어지면 평가액의 객관성이 인정되지 않는다.

둘째, 감정 목적이 불명확할 때도 문제가 된다. 상속세 신고용으로 명시되지 않은 평가서는 과세 기준으로 채택되기 어렵다.

셋째, 감정평가서의 설명 부족과 가치 산정 논리 미흡도 중요한 사유다. 평가 과정과 산정 근거가 충분히 기재되지 않으면 국세청은 신뢰성을 낮게 평가한다.

마지막으로 최근 시세 흐름을 반영하지 않은 경우다. 평가 시점과 상속 개시일 간의 시세 차이가 크거나 최신 시장 변동을 고려하지 않았다면, 국세청은 감정가 대신 자체 시가를 적용한다.

6.4. 감정평가 리스크 관리 및 대응 전략

상속재산을 감정평가할 때는 다음 세 가지를 특히 유의해야 한다.
- 감정은 보충적 수단임을 인식

실거래사례, 공시가격, 인근 거래 사례가 있다면 감정가보다 실제 거래 기반의 시가가 우선 적용된다.
- 감정기관은 신중히 선택

  해당 자산 유형과 지역에 경험이 풍부한 신뢰성 있는 감정법인을 선정하고, 평가 목적은 반드시 "상속세 신고용"으로 명확히 해야 한다.
- 감정평가서의 내용 충실성 확보

  산정 근거, 비교 사례, 적용 기준을 명확히 기재하고 감정일, 시장 동향, 자산 특성 등을 평가서에 포함시켜야 한다.

감정평가액이 실제 시세보다 높게 산정되는 문제를 예방하기 위해서는 사전적인 대응이 필요하다.
- 전문가 상담과 사전 전략 수립

  감정평가 과세가 확대되기 전, 세무사와 감정평가사 등 전문가와 협의해 상속·증여 및 자산 구조 재편 전략을 세우는 것이 중요하다.
- 평가 시기와 방법의 전략적 선택

  부동산과 주식의 평가 시점과 방식을 신중히 결정해 불필요한 고평가에 따른 세금 부담을 최소화해야 한다.
- 리스크의 정기 점검

  감정평가 제도와 법령의 변화를 수시로 확인하고 자산 및 납세 리스크를 지속적으로 관리해야 한다.

6.5. 고평가 감정가에 대한 사후 대응

감정가가 과도하게 높아 상속세를 많이 납부한 경우에는 몇 가지 대응 방법이 있다.

첫째, 경정청구나 수정신고를 활용하는 방법이다. 상속세 납부일로부터 5년 이내라면 경정청구를 통해 세액 조정을 요청할 수 있다. 다만 단순히 "감정가가 높았다"는 주장만으로는 인정되기 어렵고, 추가적인 자료와 논리가 필요하다.

둘째, 재감정을 통한 보완이다. 동일 자산을 다른 감정기관에 의뢰해 재평가를 받고, 그 결과를 기존 신고액과 비교 자료로 제시하면 경정청구의 설득력을 높일 수 있다.

셋째, 시가보충 방식을 활용하는 방법도 있다. 해당 자산의 시가를 산정할 수 있는 자료가 존재한다면 감정 대신 공시지가, 종합부동산세 과표, 인근 실거래가 등 객관적인 수치를 근거로 보충 평가를 적용할 수 있다. 이러한 방법은 과도한 감정가로 인한 세부담을 줄이기 위한 실무적 대안으로 유용하다.

추가로, 국세청의 재산평가심의위원회에 의견을 제출하거나 과세전적부심사, 이의신청, 심사·심판청구를 통해 불복 절차를 밟는 것도 가능하다. 한편, 감정가액으로 신고하면 상속세는 다소 늘어날 수 있지만, 향후 양도세 절감 효과와 감정평가 수수료 공제라는 장점도 함께 고려해야 한다.

6.6. 저평가 감정가에 대한 세무 리스크

상속재산의 평가에서 시가보다 현저히 낮은 금액으로 신고하는 것은 또 다른 세무 리스크를 불러온다.

기준시가나 공시가격은 시세의 40~60% 수준에 불과한 경우가 많기 때문에, 이를 그대로 적용하면 국세청은 저평가 신고로 보고 감정평가를 통해 시가를 재산정한다. 저평가는 고평가와 달리 납세자의 세부담을 줄이기 위한 목적으로 악용될 가능성이 있기 때문에 국세청의 주요 점검 대상이 된다.

2025년부터는 저평가 문제를 막기 위해 감정평가 대상과 선정 기준을 대폭 확대했다. 신고가액이 국세청 추정 시가보다 5억 원 이상 낮거나, 차액의 비율이 10% 이상이면 감정평가를 실시한다. 또한 초고가 아파트, 호화 단독주택, 대형 꼬마빌딩 등 기준시가와 시세 간 차이가 큰 자산을 우선적으로 감정평가 대상으로 선정한다.

저평가된 금액으로 상속세를 신고하면 다양한 세무상의 위험이 뒤따른다.

우선 감정평가를 통해 실제 시가가 확정될 경우 과세표준이 예상보다 크게 높아지면서 차액에 대해 과소신고가산세가 부과될 수 있다. 또한 고액 부동산을 기준시가만 적용해 신고하는 경우에는 국세청의 세무조사 대상에 포함될 가능성이 커진다.

특히 초고가 아파트나 대형 단독주택을 공시가격으로 신고하면 중형 부동산보다 세금이 더 적게 나오는 이른바 '세금 역전' 현상이 발생할 수 있는데, 국세청은 이러한 불균형을 해소하기 위해 감정평가를 실시하고 시가를 기준으로 과세를 조정한다.

□ **사례3: 초고가 아파트의 저평가 적발**

서울 강남에 위치한 나인원한남 전용 273㎡ 아파트의 경우, 추정 시가는 약 220억 원으로 평가되었으나 공시가격은 86억 원 수준에 그쳤다. 상속인은 공시가격을 기준으로 상속세를 신고했지만, 국세청이 감정평가를 실시해 실제 시가를 반영하면서 과세표준이 크게 상승했다.

→ 그 결과 최종 산출된 상속세는 당초 예상했던 금액의 두 배 이상으로 늘어났다.

□ **사례4: 세금 역전 현상의 시정**

도곡 타워팰리스 전용 223㎡의 기준시가는 37억 원으로, 이를 기준으로 계산된 증여세는 약 13억 7천만 원 수준에 그쳤다. 반면 성수동 트리마제 전용 84㎡는 시가가 40억 원으로 평가되어 증여세가 15억 2천만 원에 달했다.

→ 이처럼 더 높은 가치를 가진 자산의 세금이 오히려 적게 산출되는 '세금 역전' 현상은 국세청이 감정평가를 통해 시가를 기준으로 재산정하면서 바로잡혔다.

저평가로 인한 세무 리스크를 최소화하기 위해서는 몇 가지 사전적인 대응이 필요하다.

첫째, 기준시가와 실제 시세 간의 차이가 큰 경우에는 감정평가를 미리 받아 시가에 근접한 금액으로 신고하는 방안을 검토하는 것이 바람직하다.

둘째, 인근의 실거래가나 임대차 계약 자료와 같이 객관적인 시가 근거를 확보해 두면 국세청의 감정평가 대상에 선정될 가능성을 줄일 수 있다.

셋째, 초고가 아파트나 대형 단독주택, 비상장주식과 같이 평가 변동성이 큰 자산은 세무사와 감정평가사의 사전 검토를 거쳐 적정한 신고가액을 산정하는 것이 안전하다.

핵심정리

- 감정평가액은 시가 산정이 어려운 자산의 과세 기준으로 사용되며, 단순 참고치가 아닌 상속세 부과의 핵심 근거다. 따라서 평가의 신뢰성과 객관성을 확보하는 것이 매우 중요하다.
- 고평가나 저평가 모두 세무 리스크로 이어질 수 있다. 고평가 시 불필요한 세금이 발생하고, 저평가 시 과소신고 가산세가 부과될 수 있으므로 2곳 이상의 감정평가를 받아 평균을 적용하고 평가 근거를 명확히 해야 한다.
- 2025년부터 부동산과 비상장주식의 감정평가 의무화가 확대됨에 따라 감정절차의 적정성과 투명한 관리가 더욱 중요해졌다.
- 감정 결과에 이의가 있을 경우 경정청구나 재감정, 시가보충 방식 등을 통해 세 부담을 조정할 수 있다.
- 시가에 근접한 적정가 신고가 핵심 전략으로, 사전 준비와 전문가 검토를 통해 상속세 신고의 정확성과 세무 리스크를 최소화해야 한다.

7

유류분 반환과 상속세 과세 기준의 불일치

"형이 아버지 유언에 따라 모든 재산을 상속받았는데, 제가 유류분 반환 청구를 통해 일부를 돌려받았어요. 그런데 국세청은 이미 상속세가 납부된 재산이라며 추가 과세가 없다고 하더라고요."

"유류분 청구로 돌려받은 재산에 대해 국세청이 증여로 간주하고 증여세를 부과한다고 하는데, 왜 그런 건가요?"

상속 과정에서는 민법과 세법이 동시에 적용되지만, 두 법의 해석과 과세 시점이 다르기 때문에 실제 절차와 세금 부과 간에 차이가 생길 수 있다. 유류분 반환 청구는 민법상 상속인의 정당한 권리로 인정되지만, 세법에서는 상속이 한 차례 완료된 이후 재산을 다시 이전받는 상황을 새로운 재산의 이전으로 보기 때문에, 증여로 간주되어 증여세가 부과될 수 있다.

또한, 국세청은 원칙적으로 상속세를 이미 납부한 사람의 과세 내용을 수정하지 않기 때문에, 유류분을 받은 쪽에는 별도의 세금 부담이 생기고, 반대로 돌려준 사람은 이미 납부한 세금을 환급받지 못하는 사례도 존재한다. 이처럼 유류분 반환은 법적으로는 상속이지만, 세법상으로는 증여로 취급되어 이중 과세처럼 느껴지는 문제가 발생할 수 있어, 사전에 세무적 검토가 반드시 필요하다.

7.1. 유류분이란 무엇인가?

유류분은 법에서 일정한 상속인에게 보장하는 최소한의 상속 지분을 뜻하며, 이는 민법 규정에 근거한다. 만약 피상속인의 유언이나 생전 증여로 인해 상속인이 받을 권리가 침해되었다면, 해당 상속인은 유류분 반환청구권을 행사해 부족분을 돌려받을 수 있다. 민법에서 유류분 제도는 상속인의 권리를 보호하기 위한 장치이며, 반환청구는 필요할 경우 소송을 통해 진행된다.

상속인	유류분
직계비속(자녀 등)	법정상속분의 1/2
배우자	법정상속분의 1/2
형제자매	법정상속분의 1/3

7.2. 유류분 반환과 상속세 과세는 별개

상속세는 상속이 개시된 날, 즉 피상속인의 사망일을 기준으로 실제 재산을 승계한 사람에게 부과된다. 이 때문에 유언이나 협의분할을 통해 상속이 확정된 이후에 이루어지는 유류분 반환은 세법상 별도의 이전으로 취급된다. 그 결과, 유류분을 통해 재산을 돌려받은 사람은 해당 재산이 상속이 아닌 새로운 무상 이전으로 간주되어 증여세를 부담해야 하는 상황이 발생할 수 있다.

현실에서 발생하는 이러한 불일치 유형은 크게 세가지로 볼 수 있다.

첫째, 유류분을 반환받은 사람에게 증여세가 부과되는 경우다. 반환 시점에는 이미 상속이 끝나 있어 세법상 상속인의 지위가 없으므로, 돌려받은 재산은 상속이 아닌 증여로 간주된다.

둘째, 반환한 사람이 상속세를 환급받지 못하는 사례다. 상속세는 이미 확정되어 있어 재산을 돌려줘도 환급이 되지 않고, 결과적으로 반환자는 상속세를, 반환받은 자는 증여세를 부담해 이중 과세와 비슷한 구조가 된다.

셋째, 경정청구가 인정되지 않는 경우다. 민사상 유류분 조정이 있어도 세법은 이를 상속 개시 이후의 별도 이전으로 보기 때문에, 반환자는 상속세를 유지하고 반환받은 자는 증여세를 납부하는 상황이 자주 발생한다.

□ **사례1: 유류분 반환받은 자에게 증여세 과세**

피상속인의 유언에 따라 모든 재산이 장남에게 귀속되면서 차남은 상속분을 전혀 받지 못했다. 이에 차남은 자신의 권리를 주장하기 위해 유류분 반환청구 소송을 제기했고, 결과적으로 부동산 5억 원 상당을 돌려받았다. 그러나 세법상 상속세는 상속 개시일을 기준으로 과세가 확정되기 때문에, 이후 이루어진 유류분 반환은 새로운 재산 이전으로 취급된다. 국세청은 이러한 특성을 근거로 해당 재산을 상속이 아닌 별도의 무상 이전으로 보고 증여세를 부과했다.

→ 이처럼 민법상 정당한 권리 행사라 하더라도 세법은 시점과 과세 논리가 달라 추가적인 세 부담이 발생하는 사례가 실무에서 자주 나타난다.

□ **사례2: 상속세 환급 불인정 사례**

피상속인의 장녀가 단독으로 재산을 상속받아 3억 원의 상속세를 이미 납부했지만, 이후 장남이 유류분 반환 청구 소송을 제기해 2억 원 상당의 재산을 돌려받았다. 이 경우 장남은 새롭게 이전된 재산을 증여로 간주해 증여세를 부담하게 되었고, 장녀는 자신이 낸 상속세 중 해당 부분의 환급을 요청했다. 그러나 국세청은 상속세는 상속 개시일 기준으로 이미 확정된 세목이라는 이유로 환급을 인정하지 않았다.

→ 이처럼 유류분 반환이 이루어질 경우, 반환자는 상속세를 유지하고 반환받은 자는 증여세를 내야 하는 불합리한 구조가 발생할 수 있다.

7.3. 대응 전략

유류분과 관련한 분쟁을 예방하려면 사전 준비가 중요하다.

유언장을 작성할 때는 특정 상속인을 배제하거나 한쪽에 재산이 편중될 가능성이 있는지, 그리고 그로 인해 유류분이 침해되는지 반드시 점검해야 한다. 만약 침해 소지가 있다면 사전에 가족 간 조율을 통해 분쟁 가능성을 줄이는 절차가 필요하다.

상속재산 분배는 협의분할을 통해 진행하는 것이 유리할 수 있다. 협의분할은 상속세에서 '수령자 기준'으로 과세가 이루어지므로, 나중에 유류분 반환 소송으로 인해 증여세가 부과되는 상황을 방지할 수 있다.

또한, 유류분 반환이 실제로 이루어졌다면 반환된 재산은 세법상 새로운 무상 이전으로 간주되기 때문에 증여세 신고가 필요하다. 이미 납부한 상속세에 대한 경정청구는 인정되기 어렵지만, 소득세나 종합부동산세와 같이 재산 보유를 기준으로 하는 다른 세목에서는 일부 조정이 가능하다.

핵심정리

- 유류분 반환은 민법에서는 상속권을 회복하는 절차로 보지만, 세법에서는 이를 기존 상속이 아닌 새로운 무상 이전으로 간주해 증여세 과세 대상으로 처리한다.
- 상속세는 상속 개시일을 기준으로 확정되기 때문에, 사후에 유류분 반환이 이루어지더라도 이미 납부한 상속세는 환급되지 않는다.
- 반환받은 사람은 증여세를 부담하고, 반환한 사람은 상속세를 돌려받지 못하는 구조적 문제가 발생한다.
- 분쟁 가능성이 있는 경우에는 사전에 협의분할을 통해 조정하는 것이 가장 바람직하며, 유류분 반환이 불가피하다면 이후 세법상 리스크를 관리하는 대비책이 필요하다.

8장

상속 설계의 핵심 전략

1

증여, 상속세를 줄이는 첫 단추

"자녀에게 재산을 미리 나눠 주면 상속세를 줄일 수 있다고 들었는데, 실제로 효과가 있나요?"

"증여를 하면 상속세는 줄 수 있다고 해도, 증여세 부담이 더 클까 봐 고민됩니다."

증여는 생전에 재산을 분산해 이전함으로써 상속세 부담을 줄이기 위한 대표적인 전략 중 하나다. 상속세는 사망 시 전체 자산을 기준으로 누진세율이 적용되기 때문에, 생전 증여를 통해 과세표준을 분산하면 세율 측면에서 유리해질 수 있다. 특히 여러 차례 나누어 증여하면 누진구조의 부담을 완화하는 데 도움이 된다.

하지만 증여세 또한 상속세와 마찬가지로 누진세율이 적용되며, 이전 시점, 자산 유형, 수증자의 나이 등에 따라 세 부담이 크게 달라질 수 있다. 잘못된 시점이나 방식으로 증여를 하면 오히려 상속보다 더 많은 세금이 발생할 수 있으므로, 사전에 시뮬레이션을 해보고 증여 계획을 체계적으로 세우는 것이 중요하다.

1.1. 상속과 증여의 세금 구조 차이

증여와 상속은 모두 재산의 무상 이전에 대해 과세한다는 점에서는 같지만, 세금을 계산하는 방식과 공제 적용 구조, 그리고 절세 전략의 활용 범위에서는 뚜렷한 차이가 있다. 상속은 사망 시점에 전 재산을 한꺼번에 합산해 과세하는 반면, 증여는 생전에 일정 금액씩 나누어 이전할 수 있어 과세 표준을 분산시키는 효과가 있다. 또한 증여는 각 증여 건마다 공제를 적용할 수 있어, 장기간에 걸쳐 계획적으로 실행하면 공제 혜택을 여러 번 활용할 수 있다는 점에서 장기적인 절세 설계에 특히 유리하다.

항목	증여	상속
발생 시점	생전 자의적 이전	사망으로 자동 발생
과세 시점	증여일 기준	사망일 기준
세율 구조	10%~50% 누진세율	10%~50% 누진세율
공제 항목	수증자별 증여공제 (10년 주기)	기초공제, 배우자공제 등 다양한 공제
분산 전략 가능성	가능	불가능 (일괄 과세)

항목	증여	상속
납부 기한	증여 후 3개월 이내	사망 후 6개월 이내
평가 기준	증여 시점의 시가	사망 시점의 시가

1.2. 증여공제 제도를 활용한 절세 구조

세법에서는 일정 금액까지는 증여세를 부과하지 않도록 공제 제도를 두고 있으며, 이 공제는 수증자별로 10년 단위로 적용된다. 공제 한도는 관계에 따라 다르며, 배우자는 6억 원, 성년 자녀와 같은 직계비속은 5천만 원, 미성년 자녀는 2천만 원까지 공제가 가능하다. 그 밖의 친족은 1천만 원까지만 적용되고, 타인에게는 공제가 주어지지 않는다.

예를 들어, 성년 자녀가 두 명일 경우, 각각 5천만 원씩 증여하면 총 1억 원이 비과세 처리된다. 이 제도는 10년이 지나면 다시 적용할 수 있으므로, 30년 동안 3번 반복하면 자녀 두 명에게 총 6억 원(3억 원 × 2명)을 증여세 없이 이전할 수 있다. 이런 구조를 활용하면 장기적인 증여 설계에서 상당한 절세 효과를 기대할 수 있다.

수증자 구분	증여공제(10년 단위)
배우자	6억 원
성년 자녀 (직계비속)	5천만 원
미성년 자녀	2천만 원

수증자 구분	증여공제(10년 단위)
기타 친족	1천만 원

1.3. 증여의 장점

생전에 재산을 증여하는 방식에는 크게 세 가지 장점이 있다.

첫째, 누진세 부담을 줄일 수 있다는 점이다. 상속세와 증여세는 모두 과세표준이 높아질수록 세율이 올라가는 누진세 구조를 가지고 있지만, 증여는 재산을 여러 사람에게 나누어 여러 차례 이전할 수 있다. 이를 통해 과세표준을 분산시키면 전체 세부담을 줄이는 효과가 있다. 예를 들어, 한 번에 10억 원을 상속하면 과세표준이 10억 원으로 계산되어 상속세가 약 2억 3천만 원이 된다. 반면 같은 금액을 자녀 두 명에게 각각 5억 원씩 증여하면 과세표준은 각 5억 원으로 나뉘고 총 증여세는 약 1억 5천만 원 수준에 그쳐, 약 8천만 원의 절세 효과가 발생한다.

둘째, 공제를 여러 번 활용할 수 있다는 점이다. 상속의 경우 공제가 한 번만 적용되지만, 증여는 수증자별로 10년 단위로 공제가 가능하다. 따라서 장기간에 걸쳐 계획적으로 증여를 진행하면 동일한 재산도 여러 번 공제를 적용받아 이전할 수 있다. 예컨대 30년에 걸쳐 10년마다 3회 반복하면, 상속에서는 한 번만 받을 수 있는 공제를 증여에서는 세 차례 활용하는 셈이 된다.

셋째, 이전 시점을 조절할 수 있다는 점이다. 상속은 사망 시점에 일시에 발생해 세금을 한꺼번에 납부해야 하지만, 증여는 자녀의 결혼, 창업, 주택 구입 등 특정 시점에 맞춰 필요한 만큼만 이전할 수 있다. 이처럼 증여는 재산 이전 시기와 세금 납부 시점을 조정할 수 있어, 장기적인 상속·증여 계획 수립에서 유연성을 제공한다.

☐ **사례1: 증여를 통한 절세**

A씨는 55세부터 두 자녀에게 자산을 10년 간격으로 나누어 증여하는 계획을 세웠다. 첫 번째로 55세에 각 자녀에게 5천만 원씩 이전했고, 65세에도 같은 방식으로 증여를 반복했다. 75세에 세 번째 증여를 마치면서 자녀별 총 1억 5천만 원, 합계 3억 원을 이전하게 되었다. 이 금액은 모두 증여세 비과세 한도 내에서 이뤄졌기 때문에 별도의 세금이 발생하지 않았다. 이후 상속이 개시될 때는 이미 이전한 3억 원이 상속재산에서 제외되어 과세 대상이 줄어들고, 해당 부분은 증여 단계에서 공제를 활용했으므로 추가 세금도 없다.

→ 이러한 구조 덕분에 전체 상속세 부담이 약 6천만 원 감소하는 효과를 얻을 수 있다.

1.4. 증여가 유리한 경우

증여가 유리한 경우는 크게 세가지로 볼 수 있다.
- 시가 상승이 예상되는 자산의 경우

향후 가치가 급격히 오를 것으로 보이는 부동산은 시세가 낮을 때 미리 증여하는 것이 증여세 측면에서는 절세 효과를 기대할 수 있다. 개발 예정지나 리모델링 계획이 있는 아파트처럼 미래 가격 상승 가능성이 큰 자산이 대표적인 예다.

- 자녀가 많아 공제 혜택을 반복 활용할 수 있는 경우
  증여는 수증자별로 10년 단위의 공제가 적용되기 때문에, 자녀 수가 많다면 장기간에 걸쳐 분산 증여를 설계해 세 부담을 크게 줄일 수 있다.

- 자산 귀속 구조를 사전에 정리하고 싶은 경우
  가업이나 임대 부동산과 같이 운영과 소유가 밀접한 자산은 생전 증여를 통해 경영권과 재산권을 명확히 정리할 수 있다. 이를 상속으로 한꺼번에 이전하면 형제 간 지분 분쟁이 발생할 가능성이 있어, 사전 정리가 분쟁 예방에 도움이 된다.

□ 사례2: 증여로 절세와 분쟁 예방을 동시에 실현

A씨는 55세부터 세 자녀에게 예금과 부동산을 계획적으로 나누어 증여하고, 이후 이 증여 내역이 상속세 계산 시 반영되도록 사전에 설계했다.

→ 그 결과 상속 개시 시점에는 과세 대상 재산이 줄어들어 상속세 부담이 경감되었고, 각 자산의 귀속이 미리 정해져 있었기 때문에 별도의 분할 협의 과정 없이 자동으로 이전이 이루어졌다. 이 덕분에 상속분을 둘러싼 유류분 소송도 발생하지 않았다.

한편, 부동산의 활용 계획에 따라 상속과 증여의 선택도 달라질 수 있다. 단기간 내 매각할 예정이라면 상속으로 이전해 양도소득세 부담을 줄이는 편이 유리하지만, 장기 보유하거나 임대용으로 활용할 계획이라면 증여를 통해 미리 자산을 분산하는 방법도 고려할 만하다.

1.5. 증여의 세무리스크

증여는 상속세 절감을 위한 효과적인 방법이 될 수 있지만, 항상 유리한 것은 아니다. 여러 가지 세무상 리스크가 존재하며, 이에 대한 사전 전략과 대응이 필요하다.

첫째, 증여 후 10년 이내에 증여자가 사망하면 해당 자산은 다시 상속세 과세가액에 포함된다. 이 경우 이미 낸 증여세는 세액공제로 조정되지만, 상속세 계산에 다시 합산되기 때문에 예상보다 세 부담이 커질 수 있다.

둘째, 부동산이나 비상장주식처럼 향후 가치 상승이 예상되는 자산은 시세가 낮을 때 미리 증여하면 증여세 측면에서는 유리하다. 다만, 증여받은 자산을 단기간에 매도하면 취득가액이 증여 당시 시가로 계산되어 이후 상승분이 모두 양도차익으로 과세되므로, 양도소득세 부담이 커질 수 있다. 그러므로 증여는 "보유할 목적"이라면 유리할 수 있지만, 증여받은 자산을 "단기간에 매각할 계획"이라면 불리할 수 있다.

셋째, 증여는 자산 가치가 떨어질 가능성이 있는 경우 특히 불리할 수 있다. 증여세는 증여일 기준 시가로 평가되기 때문에 시세가 높을 때 증여하면 과세표준이 커지고, 이후 가치가 하락하면 수증자는 비싼 세금을 내고 낮아진 자산만 보유하게 된다.

넷째, 상속에서 적용 가능한 기초공제, 배우자공제 등의 혜택을 활용할 수 없거나, 세대생략 증여라서 30% 할증과세가 적용되는 경우, 수증자의 자금 여력이 부족해 연부연납이 어려운 경우에도 증여는 상속보다 불리할 수 있다.

다섯째, 증여 후에도 부모가 해당 자산을 계속 관리하거나 통제하면, 국세청은 이를 '명의신탁' 또는 '실질 귀속이 이루어지지 않은 증여'로 보아 기존의 증여를 부인하고, 실제 소유자를 기준으로 다시 과세할 수 있다.

효율적인 증여 순서는 자산의 특성과 세금 효과를 함께 고려해 설정하는 것이 좋다.

우선 현금성 자산은 평가 리스크가 없고 사용이 자유로워 가장 먼저 이전하기에 적합하다. 다음으로 시세 상승이 예상되는 부동산은 증여세 측면에서는 미리 이전하는 것이 유리하지만, 이후 매각 시에는 양도소득세 부담이 커질 수 있으므로 장기 보유 목적일 때에 한해 조기 증여를 고려하는 것이 좋다. 마지막으로 배당 가능한 주식은 자녀에게 소득을 분산시키는 효과가 있어 장기적인 자산 관리와 절세 전략에 도움이 된다.

1.6. 상속이 유리한 경우

상속이 유리한 경우는 크게 두가지로 볼 수 있다.
- 배우자가 주요 상속인인 경우

  배우자가 상속을 받을 때는 최대 30억 원까지 상속공제가 적용될 수 있지만, 같은 재산을 생전에 증여하면 공제 한도는 6억 원으로 크게 줄어든다. 예를 들어, 배우자에게 부동산 20억 원을 이전하려고 한다면, 증여의 경우 공제 6억 원을 제외한 14억 원이 과세표준이 된다. 반면 상속으로 이전하면 배우자 상속공제를 통해 20억 원 이상, 최대 30억 원까지 공제받아 과세표준을 0으로 만들 수도 있다.

- 단기간 내 처분할 계획이 있는 자산의 경우

  상속을 통해 취득한 자산은 취득가액이 사망일 기준 시가로 산정되기 때문에, 이후 매각 시 양도차익이 크게 줄어들어 양도소득세 부담을 낮출 수 있다. 이러한 이유로 단기 매각 예정인 자산은 상속으로 이전하는 편이 유리할 수 있다.

☐ **사례3: 상속 후 매각으로 양도세 절감**

피상속인이 시가 10억 원짜리 아파트를 보유한 상태에서 사망하고 자녀가 이를 상속받은 후 10억 5천만 원에 매각한 경우, 취득가액은 상속 당시 시가인 10억 원으로 간주되어 양도차익은 5천만 원, 양도세는 약 200만 원 수준에 불과하다. 반면 동일한 아파트를 생전에 증여받은 다음 매각했다면, 취득가액이 과거 증여 시점의 시세로 결정되어 양도차익이 더 커지고 그에 따른 양도세 부담도 크게 증가하게 된다.

→ 따라서 가까운 시일 내 처분할 계획이 있는 자산은 증여보다 상속을 통해 이전하는 것이 세금 측면에서 더 유리할 수 있다.

1.7. 전략적 접근이 필요하다

증여는 단기적인 절세 수단이 아니라, 장기 설계를 통해 누진세를 완화하고 상속세를 분산하는 구조적 전략이다. 자산가치의 변동, 가족 구성, 배우자공제 활용 여부, 향후 매각 계획 등을 종합적으로 고려해야 한다.

- 상승 가능성이 큰 자산은 시세가 낮을 때 증여
- 배우자나 단기 매각 자산은 상속으로 이전
- 자녀 수가 많다면 10년 단위로 분산 증여 설계

이처럼 증여와 상속을 이분법적으로 나누기보다, 두 제도의 특성을 조합해 최적의 시점과 방법을 선택하는 것이 절세의 핵심이다. 사전증여는 준비된 사람에게는 상속세를 줄이는 첫 단추가 되지만, 준비 없이 실행하면 불리한 출발점이 될 수 있음을 기억해야 한다.

핵심정리

- 증여는 상속세 절감을 위한 핵심 전략으로, 미리 재산을 이전함으로써 향후 상속세 부담을 분산 내지 축소할 수 있다.
- 상속과 증여는 세율 구조는 같지만 공제항목과 적용범위가 달라, 자산 규모와 시기에 따라 선택 전략이 달라진다.
- 증여공제를 활용하면 10년 단위로 자녀별 비과세 한도를 반복 적용할 수 있어, 장기적으로 누진세 부담을 효과적으로 줄일 수 있다.
- 시가 상승이 예상되는 자산은 시세가 낮을 때 증여하면 증여세 측면에서는 유리하지만, 단기 매각 시 양도세 부담이 증가할 수 있다. 배우자나 단기 처분 예정 자산은 상속이 더 유리하며, 증여는 장기 보유 자산이나 다수 자녀가 있는 경우에 적합하다.
- 최적의 절세 효과를 위해서는 생애주기, 자산 성격, 가족 구조 등을 종합적으로 고려해야 하며, 단순한 비교 대신 사전 시뮬레이션과 전문가 자문을 통해 전략적으로 설계해야 한다.

2

기초공제의 전략적 활용

"부모님이 남기신 집 한 채를 상속받았는데, 지인이 10억 원 이하면 세금이 안 나온다고 하더라고요. 정말 그런가요?"

"상속인이 배우자일 경우 공제를 더 받을 수 있다는데, 어떤 조건이 있어야 하는지도 궁금합니다."

상속세는 상속재산 전체에 무조건 과세되는 것이 아니라, 일정 금액까지는 세 부담을 줄일 수 있도록 다양한 공제 제도를 두고 있다. 그중에서도 가장 기본적인 것이 기초공제로, 모든 상속인은 2억 원까지 공제를 받을 수 있다.[22] 여기에 배우자가 상속인인 경우에는 최대 30억 원까지 공제가 가능하지만, 실제로 공제를 적용받기 위해서는 배우자가 실질적으로 상속을 받았다는 점이 확인되어야 하며, 협

---

[22] 기초공제에 대한 자세한 내용은 본서 이론편 2장 상속세 세액계산을 참조하기 바란다.

의분할이나 유언에 따른 상속분이 명확해야 한다.

따라서 단순히 10억 원 이하라고 해서 무조건 상속세가 면제되는 것은 아니며, 재산 구성과 상속인의 관계, 공제 요건 충족 여부에 따라 과세 여부가 달라진다. 정확한 판단을 위해서는 각 공제를 어떻게 적용할 수 있는지부터 확인하는 것이 중요하다.

2.1. 기초공제 + 인적공제의 조합이 기본 전략이다

상속세 공제에는 여러 유형이 있으며, 그중 기초공제는 '일괄공제'와 '인적공제' 중 하나를 선택해 적용할 수 있다. 공제 적용 방식은 크게 두 가지로 나뉜다.

- 일괄공제 방식

  상속재산에서 5억 원을 한꺼번에 공제하는 방식으로, 상속인의 수나 배우자의 존재 여부와는 무관하다. 배우자 상속공제는 별도로 추가 적용할 수 있다.

- 인적공제 방식

  기초공제 2억 원에 상속인별 인적공제를 더해 계산한다. 인적공제는 배우자 5천만 원, 자녀와 부모 각 5천만 원, 그 밖의 상속인은 1천만 원씩 적용된다. 이 방식 역시 배우자공제와 병행 가능하다.

두 방식 중 어느 쪽을 적용할지는 납세자가 선택할 수 있으며, 상속인 수와 재산 구조를 고려해 유리한 쪽을 결정하는 것이 중요하다. 일반적으로 상속인이 한두 명에 불과하거나 재산 구성이 단순하면 일괄공제가, 상속인이 많을수록 인적공제 방식이 더 큰 절세 효과를 낼 가능성이 높다.

2.2. 배우자가 있는 경우: 공제 혜택이 더 크다

배우자가 상속인으로 포함된 경우에는 기초공제 외에 배우자공제까지 추가로 적용할 수 있다. 많은 중산층 가정에서 상속세 부담이 발생하지 않는 이유 중 하나도 바로 이 기초공제와 배우자공제를 함께 적용할 수 있는 구조 덕분이다.

- 기초공제: 일괄공제 기준으로 5억 원을 공제
- 배우자공제: 배우자가 실제 상속받은 금액을 한도로 최대 30억 원까지 공제 가능
- 기타 공제: 금융재산 공제, 동거주택 공제, 채무공제 등 상황에 따라 추가 적용 가능

이처럼 기본 공제와 배우자공제를 적절히 활용하면 상당수의 재산 이전이 과세 대상에서 제외될 수 있으며, 특히 부부 공동 재산이 많은 경우 상속세를 크게 줄이는 핵심적인 절세 수단이 된다.

☐ **사례1: 기초공제로 세금이 없어진 사례**

    피상속인이 서울 소재 아파트 9억 원과 예금 8천만 원을 남기고 사망했으며, 상속인은 배우자와 자녀 한 명이었다고 가정해 보자. 이 경우 총 상속재산은 9억 8천만 원이다. 상속세 계산 시 우선 기초공제 5억 원이 적용되고, 배우자가 전 재산을 상속받으면 배우자공제로 나머지 4억 8천만 원이 추가로 공제된다.

    → 결과적으로 과세표준은 0원이 되어 상속세는 부과되지 않는다.

2.3. 기초공제를 유리하게 적용하기 위한 전략

    기초공제는 단순히 "받을 수 있느냐"의 문제가 아니라, 상속재산을 어떻게 분할하고 어떤 공제 방식을 선택하느냐에 따라 실제 납부 세액이 크게 달라질 수 있다.

전략 1: 배우자가 실제로 상속받는 구조 설계

    기초공제와 배우자공제는 모두 실질적으로 상속을 받은 금액을 기준으로 계산된다. 따라서 배우자가 재산을 직접 상속받지 않으면 배우자공제는 물론 일부 기초공제도 제대로 적용되지 않는다. 공동명의 변경이나 사전 증여로 대체하기보다는 명확한 상속 지분을 설정하는 방식이 공제를 최대화하는 데 유리하다.

전략 2: 상속인이 많을 경우 인적공제 활용

    자녀가 여러 명이거나 부모가 상속인으로 함께 포함된 경우에는 일괄공제 대신 인적공제를 적용하는 편이 더 절세 효과를 낼 수 있다. 상속인별 인적공제를 합산하면 총 공제금액이 일괄공제를 초과할 가능성이 있다.

전략 3: 고액 자산가의 경우 공제 조합 최적화

상속재산이 30억 원 이상인 경우에는 단순한 일괄공제만으로는 절세 효과가 제한적이다. 이때는 기초공제를 먼저 적용한 뒤 가업상속공제, 동거주택공제 등 추가적인 특수공제를 결합하는 방식이 세 부담을 줄이는 데 효과적이다.

또 한 가지 중요한 점은 국세청이 기초공제를 자동으로 적용하지 않는다는 사실이다. 상속인이 신고 과정에서 이를 청구하지 않으면 공제를 받지 못하며, 상속재산명세서, 상속인 관계 증명서류, 배우자 상속분 증빙자료 등 관련 서류를 정확히 제출해야만 공제가 인정된다.

특히 배우자가 상속을 포기하면 배우자공제는 물론 기초공제도 인적공제 기준으로 바뀌어 공제 효과가 줄어들 수 있다. 기초공제는 한 번만 적용되며 상속인 수와 무관하게 5억 원으로 제한된다는 점도 반드시 염두에 두어야 한다.

핵심정리

- 기초공제는 상속세를 계산할 때 가장 먼저 적용되는 5억 원의 기본 비과세 한도로, 모든 상속재산에서 공제된다.
- 상속인은 '일괄공제(5억 원)' 또는 '인적공제 조합(기초공제 2억 원 + 상속인별 공제)' 중 더 유리한 방식을 선택할 수 있다.
- 배우자가 상속에 참여하면 기초공제와 배우자공제를 함께 적용해 상당 부분의 재산을 과세 대상에서 제외할 수 있다.
- 이 공제는 자동으로 적용되지 않으며 반드시 상속세 신고 시 청구해야 하므로, 신고하지 않으면 공제 혜택 자체가 사라진다.
- 기초공제는 상속세 절세 설계의 출발점으로, 상속 구조를 어떻게 구성하느냐에 따라 전체 세금 부담을 줄이는 핵심적인 역할을 한다.

3

배우자공제, 가장 강력한 공제

"어머니가 아버지 재산을 상속받았는데, 배우자공제를 적용하면 세금이 전혀 안 나온다고 들었습니다. 정말 전액 공제가 가능한가요?"

"배우자공제를 받으려면 유언장이 꼭 있어야 하나요, 아니면 상속인들끼리 협의해서 나눠도 가능한가요?"

배우자공제는 상속세를 줄이는 데 있어 가장 강력한 제도 중 하나로, 요건을 충족하면 최대 30억 원까지 과세가액에서 공제받을 수 있다.[23] 실제로 배우자가 상속받은 재산이 30억 원 이하라면 상속세가 전혀 발생하지 않을 수도 있다.

하지만 이 공제는 자동으로 적용되는 것이 아니며, 배우자가 실제로 상속받은 재산이 있고 그 금액이 명확하게 확인되어야만 가능하

---

[23] 배우자공제에 대한 자세한 내용은 본서 이론편 2장 상속세 세액계산을 참조하기 바란다.

다. 유언장이 반드시 필요한 것은 아니지만, 상속인들 간에 협의분할이 완료되어 배우자의 상속분이 법적으로 확정되어야 공제를 인정받을 수 있다. 따라서 배우자공제를 활용하려면 상속재산의 분할 방식과 증빙 자료를 사전에 충분히 준비하는 것이 중요하다.

3.1. 배우자공제를 못 받는 경우

배우자공제는 요건을 충족하지 못하거나 신고를 잘못하면 전액이 부인될 수 있는 민감한 공제 항목이다.
- 배우자가 실제로 상속받지 않은 경우
  공제는 형식이 아닌 실제 상속받은 재산을 기준으로 적용된다. 따라서 배우자 명의로 상속 지분이 확정되지 않았거나, 모든 재산이 자녀 명의로만 이전된 경우에는 배우자공제를 인정받을 수 없다.
- 재산 분할 협의가 늦어진 경우
  상속 개시일로부터 10년 이내에 분할이 완료되지 않으면 배우자공제는 전액 부인된다. 이 제도는 사실상 과세를 유예하는 성격을 가지므로, 기한 내에 분할 절차를 마치는 것이 필수적이다.
- 배우자가 상속을 포기한 경우
  배우자가 상속을 아예 포기하거나 유류분 반환만 청구하고 재산이 전부 자녀에게 귀속되도록 합의한 경우에도 배우자공제는 적용되지 않는다.

☐ **사례1: 전액 공제로 상속세가 없어진 경우**

　피상속인이 남긴 재산이 아파트 10억 원과 예금 1억 원이며 상속인은 배우자와 자녀 한 명이라고 가정해 보자. 배우자가 두 자산을 모두 상속받는 경우, 실제 상속액이 배우자의 법정상속분 범위 안에 있으므로 배우자공제로 11억 원까지 공제가 가능하다. 여기에 기초공제 5억 원을 더하면 총 공제액은 16억 원이 된다.

　→ 상속재산 총액이 11억 원이므로 과세표준은 발생하지 않으며, 결과적으로 상속세는 부과되지 않는다.

☐ **사례2: 배우자공제를 놓친 사례**

　피상속인의 재산이 15억 원이고 상속인이 배우자와 자녀 두 명일 때, 별도의 분할협의 없이 자녀들이 단독으로 재산을 등기하고 상속세를 신고한 사례를 가정해 보자. 이 경우 배우자는 명의상 어떤 재산도 상속받지 않은 것으로 처리되기 때문에, 국세청은 배우자공제를 전액 부인했다.

　→ 결국 15억 원 전부가 자녀의 상속분으로 간주되어 높은 상속세가 부과되었다. 배우자공제를 적용받으려면 배우자가 실제로 재산을 상속받아야 하며, 이를 증명할 수 있는 등기, 분할협의서, 유언장 등의 서류가 반드시 필요하다.

3.2. 배우자공제와 타 공제의 조합 전략

배우자공제는 다른 공제 제도와 함께 적용할 때 절세 효과가 가장 크게 나타난다.

전략 1: 배우자공제와 기초공제의 결합

이 조합은 대부분의 중산층 가정에서 상속세를 없애는 기본적인 절세 구조다. 배우자가 재산을 상속받는 경우 기초공제 5억 원과 배우자공제를 함께 적용하면 상당수의 재산이 과세 대상에서 제외된다.

전략 2: 배우자공제와 동거주택공제의 활용

고령의 배우자가 10년 이상 실거주한 주택을 상속받는 경우, 배우자공제와 더불어 최대 6억 원의 동거주택공제를 추가 적용할 수 있다. 부부가 장기간 거주한 주택이라면 세 부담을 크게 줄일 수 있는 조합이다.

전략 3: 배우자공제와 가업상속공제의 결합

가업을 승계할 때 배우자가 상속에 참여하면 배우자공제와 가업상속공제를 동시에 적용할 수 있다. 이 경우 가업 유지 요건을 충족한다면 상속세 절감 폭이 훨씬 커지므로, 기업을 운영하는 가정에서는 반드시 고려할 만한 전략이다.

핵심정리

- 배우자공제는 상속세 공제 항목 중 공제 한도가 가장 크며, 요건을 충족할 경우 최대 30억 원까지 과세가액에서 공제할 수 있다.
- 공제 한도는 배우자가 실제로 상속받은 금액과 법정상속분 중 더 적은 금액을 기준으로 하며, 이보다 많은 재산을 상속받더라도 공제액은 늘어나지 않는다.
- 배우자가 상속을 포기하거나 재산 분할 협의가 지연되면 배우자공제는 전액 부인될 수 있으므로 주의가 필요하다.
- 상속세 신고 시에는 분할협의서, 등기부등본, 유언장 등 배우자의 실질 상속을 입증할 수 있는 서류를 반드시 제출해야 공제가 인정된다.
- 배우자공제는 기초공제, 동거주택공제, 가업상속공제와 함께 활용하면 상속세 부담을 없애거나 크게 줄이는 데 효과적이다.

4

채무/공과금/장례비용 공제 활용

"아버지 소유의 주택이 15억 원인데, 아직 주택담보대출이 6억 원 남아 있습니다. 이런 경우 상속세를 산정할 때 대출금도 차감이 되나요?"

"상속세 신고 시 피상속인이 사망 전까지 발생한 카드 사용액이나 병원비 같은 미지급 채무도 공제 항목에 넣을 수 있는지 알고 싶습니다."

"아버지 장례를 치르면서 장례식장 비용과 묘지 구입비로 상당한 금액이 들어갔는데, 이런 장례비 지출도 상속세 계산 시 공제 대상이 되나요?"

"사망 이후에도 아버지 명의로 관리비나 수도요금이 청구되었는데, 이런 비용은 상속세 신고에서 어떻게 반영되는지 궁금합니다."

상속세는 피상속인이 남긴 재산 중 실질적인 순재산을 기준으로 과세된다. 이때 순재산은 단순히 총자산에서 채무만 차감한 금액이 아니라, 상속 과정에서 불가피하게 발생하는 각종 비용과 장례비 등도 제외한 후의 가액을 의미한다.[24] 이러한 규정은 실질과세 원칙과 납세자 간 형평성을 반영한 것으로, 적절히 활용하면 상속세 부담을 완화할 수 있는 중요한 절세 장치가 된다.

4.1. 공제가 인정되는 채무/공과금/장례비용

상속세에서 채무공제로 인정되는 대표적인 채무와 필요한 증빙 서류는 다음과 같이 정리할 수 있다.

- 주택담보대출 등 금융기관 대출: 사망 당시의 잔액증명서, 대출 계약서, 원리금 상환 내역 등이 필요하다.
- 병원비·치료비: 진료비 세부 명세서, 입퇴원 확인서, 의료기관 청구서 등으로 실제 발생한 비용을 입증해야 한다.
- 카드대금: 카드사에서 발급한 청구서, 사용 내역서, 전표 사본 등을 통해 채무 발생 사실을 확인할 수 있어야 한다.
- 미납 세금: 국세청이나 지자체에서 발급하는 국세·지방세 체납 세액 확인서가 필요하다.
- 공과금: 전기, 수도, 관리비 등은 납입증명서나 청구서를 통해 미납 상태임을 증명할 수 있다.

---

[24] 공과금·장례비용·채무에 대한 자세한 내용은 본서 이론편 3장 상속재산 및 비과세를 참조하기 바란다.

- 보증채무: 사망 이전에 이미 확정된 경우에 한해 공제가 가능하며, 보증계약서와 피보증인의 채무불이행 사실을 확인할 수 있는 서류가 요구된다.

☐ **사례1: 주택담보대출 공제 적용**

피상속인이 사망 당시 보유한 강남 아파트의 시가가 15억 원이고, 여기에 5억 원의 주택담보대출이 설정되어 있었다면, 상속세 신고 시 대출 잔액증명서를 제출함으로써 해당 채무 전액을 공제받을 수 있다.

→ 이에 따라 과세가액은 15억 원에서 10억 원으로 줄어들며, 상속세 부담도 크게 경감된다.

☐ **사례2: 병원비·요양비 공제 인정**

피상속인이 사망 전 두 달 동안 요양병원에 입원해 있었고, 총 1천만 원의 입원비가 사망 이후 유족에게 청구되었다면 이 비용은 상속세 계산 시 채무공제로 인정될 수 있다.

→ 입원확인서와 병원 청구서를 함께 제출하면 해당 금액 전액을 상속세 과세가액에서 차감할 수 있다.

☐ **사례3: 3인 상속인의 경우 장례비용 공제**

상속인이 배우자와 자녀 두 명으로 총 세 명인 경우 장례비 공제는 기본액 500만 원에 상속인 수에 따른 추가액 300만 원(3명 × 100만 원)이 더해져 총 800만 원이 된다. 이 금액은 상속세 과세가액에서 차감할 수 있으며, 실제 장례비 지출이 수천만 원에 달하더라도 상속세법에서는 공제 한도가 정해져 있어 이 범위를 초과해 인정되지는 않는다.

4.2. 인정되지 않는 채무

공제를 신청하더라도 다음과 같은 유형의 채무는 상속세 계산에서 제외된다.[25]

- 배우자나 자녀 등 상속인의 채무: 피상속인의 실제 채무가 아니므로 공제 대상에 포함되지 않는다.
- 사실혼 배우자의 채무: 법적으로 혼인신고가 되어 있지 않은 경우에는 배우자공제와 마찬가지로 채무공제도 인정되지 않는다.
- 고의로 만든 채무: 조세 회피를 목적으로 작성된 허위 채무는 국세청에서 부인한다.
- 소멸시효가 지난 채무: 채권 소멸이 확정된 상태라면 상속재산 평가에서 차감할 수 없다.
- 구두로만 약정한 사적 채무: 계약서나 금융 내역 등 객관적 증빙이 없으면 채무로 입증되지 않아 공제되지 않는다.

---

25 채무공제가 부인되는 구체적인 사례는 본서 실전편 7장 절세보다 중요한 '세무 리스크 관리'를 참조하기 바란다.

핵심정리

- 상속세 계산 시 피상속인이 사망 당시 실제로 부담하던 채무는 과세가액에서 공제할 수 있으며, 금융기관 대출, 병원비, 미납세금 등은 객관적 증빙이 있으면 대부분 인정된다.
- 가족 간 채무나 구두 약속에 의한 사적 채무는 공제 대상이 아니며, 반드시 채무계약서, 이자 지급 내역 등 객관적 자료가 필요하다.
- 사망 직전의 병원비난 요양비도 증빙이 있으면 공제 가능하며, 이러한 채무공제는 상속세 과세표준을 줄이는 대표적 절세 수단이다.
- 공과금 공제는 사망 당시 미납된 전기료, 관리비, 건보료, 세금 등에 적용되며, 장례비 공제는 최대 1천만 원 한도로 인정된다.

5

금융재산공제의 활용

"부모님이 돌아가시고 예금 2억 원을 상속받았는데, 상속세가 꽤 나올 거라고 생각했어요. 그런데 금융재산공제라는 제도가 있어서 일정 부분은 세금이 면제된다고 하더라고요."

"이 공제가 예금뿐 아니라 주식이나 펀드 같은 금융자산에도 적용되는지, 그리고 구체적인 공제 한도가 어느 정도인지도 알고 싶습니다."

상속세 절감을 위해 활용할 수 있는 중요한 제도 중 하나가 금융재산공제다.[26] 피상속인이 남긴 예금, 적금, 주식, 채권, 펀드 등 다양한 금융자산이 일정 요건을 충족하면 최대 2억 원까지 상속세 과세가액에서 공제할 수 있다. 이 제도는 특정 고액 자산가를 위한 혜택이라기보다, 재산의 상당 부분을 금융자산으로 보유한 일반 가정에서

---

[26] 금융재산공제에 대한 자세한 내용은 본서 이론편 2장 상속세 세액계산을 참조하기 바란다.

도 상속세 부담을 완화할 수 있도록 마련된 장치다.

5.1. 금융자산의 범위와 공제 방식

금융재산공제는 상속재산 중 다음과 같은 금융자산을 대상으로 적용된다.

- 원화 예금·적금: 포함되며 사망일 현재 잔액을 기준으로 평가한다.
- 외화 예금: 포함되며 사망일 환율을 적용해 원화로 환산한 금액을 사용한다.
- 상장주식: 포함되며 상속개시일 전후 일정 기간의 평균 시가를 기준으로 평가한다.
- 비상장주식: 포함되며 상속세법상 평가 규정에 따라 산정된 가액을 적용한다.
- 펀드·채권: 포함되며 사망일 현재 평가액을 기준으로 한다.
- 보험계약(저축성): 포함되며 해약환급금 기준으로 평가한다.
- 퇴직금: 제외되며, 이는 간주상속재산으로 별도의 과세 대상이 된다.
- 신탁재산: 구조와 성격에 따라 일부 금융재산공제 대상에 포함될 수 있다.

반면 실손보험금이나 이미 실효된 보험은 금융재산공제 대상에서 제외된다. 또한 퇴직금과 사망보험금은 간주상속재산으로 분류되어 별도로 과세되므로 금융재산공제 범위에 포함되지 않는 점에 유의해야 한다.

금융재산공제는 단순히 2억 원을 그대로 차감하는 방식이 아니라, 금융자산에서 해당 자산과 관련된 채무를 뺀 금융재산 순가액을 기준으로 계산된다. 이 순가액의 20% 한도 내에서 공제가 이루어지며, 아무리 많더라도 최대 공제액은 2억 원을 넘지 않는다.

금융재산공제액 = min(금융재산 순가액 × 20%, 2억 원)

즉, 금융재산이 많더라도 관련 채무가 많으면 공제액이 줄어들고, 금융재산이 적을 경우에도 순가액의 20%까지만 공제받을 수 있다.

☐ 사례1: 공제 조건 충족 예시

피상속인의 총 상속재산이 8억 원이고, 이 중 예금이 5억 원, 상장주식이 2억 원, 승용차가 1억 원이라면 금융자산의 비율은 전체의 87.5%가 된다.

→ 금융재산이 상속재산의 절반을 넘으므로 금융재산공제 요건을 충족하며, 공제 한도 내에서 최대 2억 원까지 상속세 과세가액에서 제외할 수 있다.

☐ 사례2: 요건 미충족으로 공제 불인정

총 상속재산이 10억 원이며 그중 부동산이 7억 원, 예금이 3억 원이라면 금융자산의 비중은 30%에 불과하다.

→ 금융재산공제는 금융자산이 전체 재산의 절반 이상을 차

지해야 적용되므로, 이 경우에는 요건을 충족하지 못해 공제를 받을 수 없다.

□ **사례3: 금융재산 순가액 공제 적용**

총 금융자산이 5억 원이고 이 중 대출 등 금융채무가 1억 원이라면 금융재산의 순가액은 4억 원이 된다.

→ 금융재산공제는 순가액의 20% 한도 내에서 적용되므로 공제 가능액은 8천만 원이며, 이 금액을 상속세 과세가액에서 차감할 수 있다.

5.2. 다른 공제와의 조합 전략

금융재산공제는 기초공제, 배우자공제, 채무공제 등 다른 공제 항목과 함께 적용할 수 있다. 다만 어떤 공제를 먼저 적용하고, 어떤 항목과 조합하느냐에 따라 절세 효과가 크게 달라지므로 공제 순서와 대상 자산을 신중히 설계해야 한다.

상속재산의 대부분이 금융자산으로 구성되어 있다면 금융재산공제의 한도가 자연스럽게 최대치에 가까워지므로, 자산을 여러 형태로 분산하기보다는 금융자산에 집중하는 편이 더 유리할 수 있다.

반대로 부동산의 비중이 크다면 금융재산공제를 적용받기 어렵기 때문에, 사전에 자산 포트폴리오를 조정해 금융자산 비율을 높이는 것이 장기적인 절세 전략이 될 수 있다.

핵심정리

- 금융재산공제는 금융자산이 상속재산의 절반 이상을 차지할 때 적용되며, 금융재산 순가액의 20% 한도 내에서 최대 2억 원까지 공제된다.
- 공제 대상에는 예금, 주식, 채권, 펀드, 저축성 보험 등이 포함되지만, 퇴직금과 실손보험금 등은 제외된다.
- 금융채무가 있는 경우 해당 금액을 차감한 순가액을 기준으로 계산하며, 공제액은 상속인의 상속 지분 비율에 따라 나뉘어 적용된다.
- 기초공제, 배우자공제 등 다른 공제와 함께 활용할 수 있고, 상속 재산의 구성에 따라 효과가 달라지므로 생전 자산 포트폴리오를 고려한 사전 설계가 중요하다.

6

동거주택 상속공제의 활용

"부모님과 오랫동안 함께 살던 집을 상속받았는데, 동거주택공제를 받으려면 어떤 조건이 필요한가요?"

"같이 살았다는 걸 주민등록상 주소로만 증명할 수 있을 때도 공제가 가능한가요?"

최근 고령화로 인해 부모와 자녀가 한 집에서 함께 거주하는 사례가 늘어나고 있으며, 부모 사망 후 자녀가 공동 거주하던 집을 상속받는 일도 흔해지고 있다. 이를 반영해 도입된 제도가 동거주택 상속공제다.[27] 이 제도는 피상속인과 상속인이 동일한 주택에서 실제로 함께 거주해 왔고, 일정 요건을 충족할 경우 최대 6억 원까지 상속세

---

[27] 동거주택 상속공제에 대한 자세한 내용은 본서 이론편 2장 상속세 세액계산을 참조하기 바란다.

과세가액에서 공제할 수 있도록 하고 있다.

☐ 사례1: 전액 공제 적용 사례

피상속인의 자녀는 어머니와 함께 부모 명의의 아파트에서 20년 동안 거주해 왔다. 상속 개시일 기준으로 해당 아파트의 시가는 5억 원이었으며, 자녀가 이를 단독으로 상속받았다. 이 경우 10년 이상 동거 요건과 동일세대 요건을 모두 충족하므로, 공제액은 주택가액 전액인 5억 5천만 원이 적용된다.

→ 상한선인 6억 원 이내이기 때문에 해당 금액 전부가 동거주택 공제로 인정된다.

☐ 사례2: 주민등록상 주소만 같고, 세대 분리된 경우

세대가 분리되어 있으면 같은 주소에서 거주했더라도 '동거' 요건으로 인정되지 않는다. 특히 상속인이 별도의 세대주로 등재되어 있거나, 주민등록상 주소가 중간에 변경된 기록이 있는 경우에는 실질적 동거로 보지 않아 공제가 부인될 수 있다.

☐ 사례3: 실거주는 했지만 10년을 채우지 못한 경우

거주기간이 10년에 미치지 못할 경우, 해당 재산은 공제 요건을 충족하지 않아 상속공제를 적용받을 수 없다. 실제로 9년 11개월 거주했다면, 불과 한 달 차이로 전액 공제를 받을 수 없는 결과가 된다.

☐ **사례4: 주택 외 건물(예: 오피스텔)에 거주한 경우**

오피스텔이나 상가건물은 법적으로 '주택'으로 보지 않는 경우가 있다. 이 때문에 상속세나 공제 적용 여부를 판단할 때는 등기부등본상 용도를 반드시 확인하고, 실제 거주 여부가 입증되는지도 함께 살펴봐야 한다.

☐ **사례5: 조건 미달로 공제 부인된 사례**

상속인은 어머니와 함께 8년간 생활했으나, 중간에 해외 체류로 주민등록이 일시적으로 말소된 기간이 있었다.

→ 국세청은 이를 동거의 연속성이 끊긴 것으로 보아 해당 공제를 전혀 인정하지 않았다.

6.1. 입증자료의 중요성

동거주택 상속공제는 상속인이 자진신고로 신청해야 하며, 공제 요건을 입증할 책임 역시 상속인에게 있다. 따라서 실거주와 동일세대 유지 사실을 확인할 수 있는 자료를 충분히 준비하는 것이 필수적이다.

핵심 자료로는 주민등록등본에 10년 이상 동일세대로 등재된 기록, 가족관계증명서를 통한 상속인 자격 확인이 있다. 여기에 건강보험자격득실 확인서로 동일 주소지에서 실제 생활한 기록을 증명하고, 전기·수도요금 납부 내역을 통해 실거주 여부를 보완할 수 있다.

학교나 병원 이용 내역처럼 해당 주소지에서의 생활 흔적을 보여 주는 자료도 유용한 보조 증거가 된다.

특히 10년 이내의 이사 이력이나 세대 분리 전력은 미리 점검해야 한다. 주민등록상 부모의 주소로만 되어 있고 실질적으로 거주하지 않았다면, 전기세·가스비 납부자 정보 등을 활용해 실거주 사실을 보강할 필요가 있다.

항목	내용
주민등록등본	10년 이상 동일세대 기록 필수
가족관계증명서	상속인 자격 확인
건강보험자격득실 확인서	동일 주소에 실거주한 기록 확인 가능
전기·수도요금 납부내역	실제 거주 사실 입증
학교·병원 기록 등	해당 주소지에서 생활한 증거자료

6.2. 다른 공제와의 중복 가능 여부

동거주택 상속공제는 상속세 계산 시 기초공제, 배우자공제, 금융재산공제 등 다른 공제와 병행 적용이 가능하다. 다만 동일한 자산에 대해서는 이중 공제가 허용되지 않으므로, 각 공제의 적용 대상을 명확히 구분해야 한다.

예를 들어, 자녀가 동거주택 상속공제를 적용하고, 배우자가 금융재산에 대해 배우자공제를 적용하는 것은 가능하다. 그러나 하나의 자산에 두 가지 공제를 동시에 적용할 수는 없으므로, 상속세 신고 시 공제 항목별 범위를 정확히 설정해야 한다.

□ **사례6: 중복 공제 조합 사례**

  피상속인이 보유하던 아파트(시가 6억 원)를 자녀가, 예금 3억 원을 배우자가 각각 상속한 경우를 가정하면, 자녀는 동거주택 상속공제를 통해 아파트 전액을 공제받고, 배우자는 예금에 대해 배우자공제와 금융재산공제를 적용할 수 있다.

  → 이처럼 공제 항목을 적절히 나누어 활용하면 총 9억 원에 이르는 재산이 과세 대상에서 제외될 수 있다.

핵심정리

- 동거주택 상속공제는 피상속인과 10년 이상 동일한 주택에서 실제로 거주한 상속인이 해당 주택을 상속받을 경우, 상속세 과세가액에서 최대 6억 원까지 공제받을 수 있는 제도다.
- 이 제도의 핵심 요건은 '실거주'와 '동일세대 유지'이며, 단순히 주민등록상 주소만 일치한다고 해서 인정되는 것이 아니라 실제 생활을 입증할 수 있는 자료가 필요하다.
- 요건이 엄격하기 때문에 분리세대 이력, 해외 체류로 인한 주민등록 말소, 세대분리 전력 등은 사전에 반드시 확인해야 한다.
- 공제는 상속인이 직접 신청해야 하며, 입증 책임 또한 상속인에게 있다.
- 이 공제는 기초공제나 배우자공제 등 다른 공제와 함께 적용할 수 있어, 요건을 충족하는 경우 상속세 부담을 크게 줄일 수 있는 절세 수단이 된다.

7

유언을 활용한 상속세 최적화 설계

"유언만 제대로 준비하면 세금을 아낄 수 있다는 말이 사실인지 궁금합니다."

"또한 유언 작성이 상속세 공제나 신고 절차에도 도움이 되는지 알고 싶습니다."

유언은 단순히 "재산을 누구에게 물려줄지"를 적어 두는 수준을 넘어선다. 법적 요건을 갖춘 유언은 상속재산을 체계적으로 배분할 수 있는 설계 도구이며, 이를 통해 상속세를 줄이고 가족 간 분쟁을 예방하는 효과를 얻을 수 있다. 더 나아가 배우자공제, 분할공제, 상속세 연부연납 등 여러 세법상 혜택을 적용받는 데 중요한 역할을 하기도 한다.

7.1. 유언이 상속세에 미치는 영향

상속세는 피상속인의 사망 시점에 실제 상속인이 누구이며, 각자가 얼마를 상속받았는지를 기준으로 계산된다. 이 과정에서 유언은 상속 구조를 명확히 하고 세법상 공제나 납부 방식의 적용 범위를 결정짓는 중요한 요소가 된다.

유언은 단순히 재산의 분배 의사를 남기는 문서를 넘어, 상속세 절감과 세무 설계를 가능하게 하는 실질적인 도구다.

첫째, 배우자공제 최적화에 직접적인 역할을 한다. 배우자공제는 실제 상속받은 금액을 기준으로 산정되므로, 유언으로 배우자 지분을 법정상속분 이상으로 명확히 설정하면 공제 한도를 최대한 활용할 수 있다.

둘째, 분할공제 요건 충족에도 유리하다. 유언이 없으면 상속인 간 협의가 필수지만, 피상속인이 사전에 지분을 지정하면 협의 없이도 상속재산을 분할할 수 있어 분할공제를 적용받기 쉽다. 협의가 지연되면 받을 수 없는 5천만 원(또는 상속인 1인당 1천만 원)의 분할공제를 안정적으로 확보할 수 있다.

셋째, 연부연납 설계에서도 강력한 효과를 발휘한다. 특정 자산을 한 명의 상속인에게 단독 귀속시키는 유언이 있으면 연부연납 대상자를 명확히 지정할 수 있고, 승인 절차나 할부 계산, 물납 요건 검토가 훨씬 용이해진다.

마지막으로 유언은 유류분 분쟁 예방의 기능도 한다. 재산의 귀속이 명확해지면서 과세 대상의 중복이나 누락을 막고, 세무조사 시 불필요한 다툼을 최소화할 수 있다.

항목	영향 내용
배우자공제	유언을 통해 배우자 상속 지분을 명확히 할 경우, 공제 한도 극대화 가능
분할공제	피상속인의 유언에 따라 협의 없이 상속재산 분할 가능 → 요건 충족 유리
연부연납 요건 충족	유언에 의해 특정 자산을 단독 상속할 경우 → 요건 요약 가능
유류분 다툼 예방	세법상 귀속이 명확해져, 과세 대상의 중복 또는 누락 방지

□ 사례1: 유언으로 배우자공제 극대화

피상속인이 유언장을 통해 배우자에게 부동산 20억 원과 예금 5억 원을 단독 상속하도록 한 경우, 배우자는 총 25억 원의 상속재산을 취득하게 되며, 이는 배우자공제 한도인 30억 원 이내이므로 전액 공제가 가능하다.

→ 따라서 이 사례에서는 배우자에게 별도의 상속세가 부과되지 않는다.

□ 사례2: 유언으로 자산 귀속을 설계

피상속인은 자녀 셋 가운데 장남에게는 가업을, 차녀에게는 부동산을, 막내에게는 금융자산을 각각 유증했다. 공정증서유언을 통해 지분과 자산이 명확히 지정되었기 때문에 상속 절차는 분쟁 없이 진행될 수 있었다. 장남은 가업상속공제 요건을 충족하여 상당한 세액을 줄일 수 있었고, 각 상속인의 과세표준이 분리됨으로써 상속세의 누진세율 부담도 최소화되었다. 또한 별도의 협의가 필요하지 않아 신고기간 내에 바로 상속세 신고를 완료할 수 있었으며, 이로 인해 분할공제까지 적용되었다.

→ 그 결과 전체 상속세에서 약 1억 5천만 원의 절세 효과가 발생했다.

7.2. 유언 작성 시 세무상 유의사항

유언장을 작성할 때는 법적 효력과 세무 효과를 동시에 고려해야 한다. 우선 자필유언의 경우, 날짜·서명·전문 전체를 작성자가 직접 자필로 작성해야만 유효하다. 한 글자라도 타인이 대신 쓰면 법적 효력을 잃을 수 있다.

또한, 상속재산의 귀속 지분을 구체적으로 명시하는 것이 중요하다. 자산별로 상속인을 특정하고, 누구에게 어느 정도의 비율로 귀속되는지를 명확히 해야 상속세 계산과 공제 적용에서 혼란이 없다.

유언은 반드시 유류분을 고려해야 한다. 배우자나 직계비속의 최소한의 상속분을 침해하면 유언 자체가 분쟁의 불씨가 되며, 그에 따라 세무상 신고와 과세도 복잡해진다.

마지막으로 피상속인의 재산 구성은 시간이 지나며 변할 수 있으므로, 자산 변경 시 유언을 갱신하는 절차가 필요하다. 생전 자산과 유언이 일치하지 않으면 상속 개시 후 효력이 제한되거나 일부 자산이 무의도적으로 빠지는 문제가 생길 수 있다.

핵심정리

- 유언은 단순히 상속재산의 분할 지시를 넘어서, 상속세 공제의 적용 여부와 신고 효율성, 그리고 과세 기준의 명확화에 직접적인 영향을 미치는 실질적인 세무 도구이다.
- 배우자공제, 분할공제, 연부연납과 같은 세법상 주요 혜택을 적용받기 위해서는 유언이 중요한 기반이 된다.
- 실무에서는 법적 안정성과 분쟁 방지 측면에서 공정증서유언이 가장 안전한 방식으로 평가된다. 또한 가업 승계나 자산별 귀속, 유류분 충족 등 다양한 요소를 함께 고려한 포괄적인 설계가 필요하다.
- 유언은 단순한 법적 효력 확보를 넘어, 세금 효율성과 상속세 절감 효과까지 함께 반영해 작성해야만 상속설계가 완성된다.

8

생전 자산 정비로
상속세 리스크 줄이기

"아버지 명의의 계좌가 여러 개 있지만 실제 사용은 어머니가 했습니다. 상속세 신고할 때 불이익이 있을까 걱정입니다."

"재산도 정리하지 않았고 유언장도 작성하지 않았는데, 혹시 이대로 두면 세금 문제가 커지지 않을지 궁금합니다."

상속세는 과세 대상이 되는 상속재산의 범위를 어떻게 정하고 확정하느냐에 따라 세액이 크게 달라진다. 그러나 실제 상속 현장에서는 상속 개시 전까지 자산이 명확하게 정리되지 않은 사례가 적지 않다. 이로 인해 재산이 누락되거나 중복 신고되는 문제, 과세가 부인되거나 가산세가 부과되는 세무 리스크가 발생할 수 있다. 흥미로운 점은 이러한 문제의 상당수가 고의적인 탈세보다는 생전 자산 정비의 부족에서 기인한다는 점이다.

8.1. 자산 정비가 상속세에 미치는 영향

상속세는 피상속인의 사망 시점에 확정된 순재산가액을 기준으로 과세표준을 산정한다. 이때 재산의 소유관계가 명확하지 않거나 명의와 실제 소유자가 다르면, 국세청은 실질귀속주의를 적용해 재산을 추정 과세하거나 가산세를 부과할 수 있다. 따라서 생전 자산 정비는 단순한 준비를 넘어 상속세 부담과 세무 리스크를 직접적으로 줄이는 핵심 절차라 할 수 있다.

우선 명의신탁의 정리가 필요하다. 상속세는 명의가 아니라 실질 소유자를 기준으로 과세하므로, 명의만 자녀로 되어 있는 재산은 자금 출처를 통해 부모 소유로 추정될 수 있다. 이러한 재산이 상속재산에서 누락되면 과소신고로 간주돼 가산세 부담이 발생할 가능성이 크다.

또한, 공동명의 재산의 정리는 과세 지분을 명확히 하는 데 필수적이다. 생전에 각자의 지분율과 취득가액, 소득 귀속 내역을 명확히 구분하면 상속세 과세표준을 보다 정확하게 산정할 수 있다.

현금 흐름의 사전 점검도 중요하다. 사망 직전 고액 이체는 사전증여나 은닉 재산으로 추정될 수 있어 상속세 신고 시 불리하게 작용할 수 있다. 불필요한 대여금이나 미수금은 생전에 정리해 두는 것이 안전하다.

마지막으로 자산 목록의 확정은 상속세 신고 누락을 방지하는 핵심적인 준비다. 각 자산의 시가, 취득가, 사용 내역, 귀속자를 사전에 명확히 기록해 두면 신고 정확성이 높아지고 과소신고 리스크를 줄일 수 있다.

8.2. 상속세 신고에서 유의 항목 및 점검 전략

실제 상속세 신고에서는 특정 자산이 세무조사의 주요 검토 대상이 되며, 이 과정에서 과세 불이익이 발생하는 경우가 많다.

대표적인 사례는 자녀 명의 통장이다. 계좌가 자녀 이름으로 되어 있더라도 실질 자금 소유자가 부모라면 상속재산으로 간주돼 과세대상에 포함된다. 부부 공동명의 재산도 주의가 필요하다. 배우자 지분이 명확히 구분되지 않으면 배우자공제를 충분히 활용하지 못하고 과세표준이 불리하게 확정될 수 있다.

또한, 사망 직전의 현금 인출은 국세청이 간주상속재산으로 판단하는 대표적 항목이다. 사용처를 명확히 소명하지 못하면 상속세 부담으로 이어질 수 있으므로 생전에 자금 흐름을 투명하게 해둘 필요가 있다. 임대보증금과 전세금 역시 명의자가 부모지만 실질 권한이 자녀에게 있는 경우 과세상 불일치가 발생할 수 있어 사전 정리가 필요하다.

해외 금융자산은 특히 신고 누락 시 과태료와 함께 과소신고 가산세까지 부과될 수 있다. 상속 개시 전부터 계좌 현황을 정리하고 자료를 확보하는 것이 안전하다.

항목	내용
자녀 명의 통장	실질 소유자가 부모일 경우, 상속재산으로 간주 가능

항목	내용
부부 공동 명의 재산	배우자 지분이 명확하지 않으면 공제 불이익 발생
사망 직전 현금 인출	간주상속재산으로 보아 과세할 수 있음
임대보증금, 전세금	명의자가 부모이지만 실질 권한은 자녀일 경우 과세 불일치 발생
해외금융자산	신고 누락 시 과태료 + 과소신고 가산세 부과

이러한 리스크를 줄이기 위해서는 다음과 같은 항목별 점검 전략이 필요하다.

- 명의정리: 부동산, 예금, 차량, 보험 등은 실질 소유자 기준으로 명의를 정리하고, 공동명의 재산은 지분율과 소득 귀속 내역을 명확히 해야 한다.
- 자산 목록화: 상속재산 목록을 사전에 작성해 두고 부동산의 주소·취득가, 금융계좌의 잔액·입출금 내역, 주식·펀드 보유수량, 보험의 계약구조, 가상자산 지갑 주소 등 주요 정보를 기록한다.
- 이체 내역 정리: 사망 전 1~2년간 고액 이체나 타인 명의 계좌로의 송금은 국세청 검증 대상이므로, 불필요한 대여금과 복잡한 자금 흐름은 생전에 정리하고 자녀에게 송금한 자산은 정식 증여 신고나 계약서 작성으로 대비해야 한다.

☐ 사례1: 정비 없이 사망한 경우

피상속인은 유언장을 남기지 않은 채 사망했고, 생전에 보유하던 예금 일부가 자녀 명의의 계좌로 분산되어 있었다. 상속세 신고 후 진행된 세무조사에서 이 자금이 명의신탁으로 추정되면서 상속재산에 3억 원이 추가 반영되었다.

→ 그 결과 과소신고가산세가 함께 부과되어 총 8천만 원가량의 세금 부담이 늘어났다. 더불어 해당 예금의 실제 귀속을 두고 형제들 간의 다툼이 발생해 상속 분쟁까지 이어졌다.

☐ **사례2: 정비 후 사망한 경우**

피상속인은 생전에 부부 공동 명의로 되어 있던 부동산을 한 명에게 단일 귀속되도록 정리하고, 전체 자산 목록을 작성해 유언장과 함께 상속인들에게 사전에 통지했다.

→ 이러한 준비 덕분에 상속 개시 후 상속세 신고가 5개월 만에 무리 없이 마무리되었으며, 상속인들 간의 분쟁도 전혀 발생하지 않았다. 또한 각종 공제 요건을 100% 충족할 수 있었고, 그 결과 예상 상속세 대비 약 9천만 원의 세금을 절감하는 효과를 거두었다.

핵심정리

- 생전 자산 정비는 단순히 재산을 정리하는 수준을 넘어, 상속세의 과세 표준 산정, 각종 공제 적용 여부, 그리고 과소신고에 따른 세무 리스크와 직결되는 중요한 절차이다.
- 자산의 명의와 귀속 구조, 거래 내역, 증여 이력 등을 미리 정비해 두면 예상치 못한 세금 부담을 줄일 수 있을 뿐 아니라 가족 간의 분쟁도 예방할 수 있다.
- 자녀 명의로 된 자산, 사망 직전의 고액 이체, 신고되지 않은 은닉 자산은 세무조사에서 가장 먼저 확인하는 항목이기 때문에, 이러한 부분을 생전 정리만으로도 수천만 원에서 많게는 수억 원에 달하는 세금 리스크를 사전에 차단할 수 있다.
- 체계적인 상속설계를 위해서는 유언장 작성과 함께 자산 정비가 필수적으로 병행되어야 하며, 두 가지가 함께 갖춰질 때 상속세 절감과 분쟁 예방이라는 두 가지 목표를 동시에 달성할 수 있다.

맺는말

유산취득세 시대
- 바뀌는
상속세 제도를 읽다

상속세율 개편 논의와 공제 확대 논의

우리나라 상속세는 흔히 '세율이 지나치게 높다'는 평가를 받는다. 실제로 상속세의 최고세율은 50%로, 세계 주요국들과 비교해도 상당히 높은 수준에 속한다. 여기에 특정 조건이 겹치면 세금 부담은 더 커질 수 있어, 상속세는 고액 자산가뿐만 아니라 중산층에게도 중요한 고민거리로 인식되고 있다.

이처럼 높은 세율은 불만을 낳고 있으며, 최근에는 국회와 정부 모두 상속세 개편을 검토하고 있다. 특히 공제 금액을 늘리거나, 과세 구조 자체를 바꾸자는 의견이 늘고 있다. 그중 하나가 바로 '유산취득세'라는 새로운 방식이다.

우리나라 상속세는 지금까지 피상속인이 남긴 전체 재산을 기준으로 과세하는 방식을 사용해 왔다. 이 제도에서는 유산 전체에 누진세율이 적용되고, 산출된 세금을 상속인들이 공동으로 부담하는 구조다. 이러한 방식은 계산이 단순하다는 장점이 있지만, 상속인의 수나 실제 수령액과 관계없이 동일한 세율이 적용되기 때문에 불공평하다는 지적이 꾸준히 제기되어 왔다. 실제로 같은 금액을 나눠 상속받았음에도 불구하고 더 많은 세금을 부담하는 상황이 발생하기도 한다.

  정부는 상속세 제도의 형평성을 높이기 위해 상속인이 실제로 상속받은 금액을 기준으로 세금을 개별 계산하는 '유산취득세' 방식을 도입할 계획임을 밝혔다. 이 제도는 이미 일본과 독일을 비롯한 여러 국가에서 시행되고 있으며, 각 상속인이 자신이 취득한 몫에 대해서만 세금을 부담하는 구조다. 이러한 변화는 납세자가 체감하는 공정성을 높일 수 있는 대안으로 평가된다.

  유산취득세 방식에서는 상속인이 많아질수록 한 사람이 실제로 취득하는 재산이 줄어들기 때문에 그에 비례해 세금 부담도 감소한다. 또한 공제 역시 상속인별로 개별 적용되므로, 이전 제도보다 더 많은 사람들이 상속세 납부 의무에서 벗어날 수 있다. 예를 들어, 배우자는 일정 금액까지 자동으로 공제가 적용되고, 자녀나 형제자매에게도 각각 정해진 공제 한도가 부여된다. 이러한 구조는 과세 기준을 보다 합리적으로 만드는 효과가 있다.

  그러나 유산취득세 전환을 모든 이가 긍정적으로 평가하는 것은 아니다. 자녀 수가 적은 가정의 경우 상속인별 공제 한도가 오히려 불리하게 작용해 공제 혜택이 줄어들 수 있다는 우려가 있다. 정부 역시 세수 확보 측면에서 고민이 크다. 실제 분석에 따르면 유산취득세가 시행될 경우 매년 수조 원 규모의 상속세 수입이 감소할 가능성이 있다는 전망도 제기된다.

그럼에도 불구하고 국민 다수는 유산취득세 도입에 상대적으로 호의적인 반응을 보이고 있다. 상속인이 실제로 취득한 재산에 비례해 세금을 내는 방식이 더 공정하다는 인식이 자리 잡고 있기 때문이다. 특히 상속세 자체에 대한 불안과 부담이 큰 상황에서, 제도의 복잡성과 불합리하다는 인식을 개선하는 것이 중요하다는 목소리가 커지고 있다.

상속세 제도의 개편에서 가장 중요한 것은 단순히 세율을 낮추는 것이 아니라, 세금을 누가 얼마만큼 부담할지를 보다 공정하게 조정하는 데 있다. 제도가 다소 복잡하더라도 국민들이 그 구조를 이해하고 합리적이라고 받아들일 수 있으며, 실제 세부담이 과도하지 않다면 상속세 제도에 대한 신뢰 역시 자연스럽게 높아질 수 있다.

정부가 추진하는 유산취득세 제도가 도입되면 다수의 납세자에게 보다 명확하고 예측 가능한 과세 체계가 마련될 것으로 예상된다. 따라서 중요한 것은 변화하는 제도의 흐름을 정확히 이해하고, 각자의 상속 구조와 재산 상황에 맞춰 사전에 대비책을 마련하는 일이다.

일괄공제·배우자공제 구조 재편 움직임

상속세를 산정할 때는 피상속인이 남긴 재산에서 일정 금액을 차감해 주는 다양한 공제 제도가 적용된다. 그중에서도 많은 사람들이 익숙하게 알고 있는 것이 일괄공제(5억 원)와 배우자공제(최대 30억 원)다. 다만 이 두 가지 공제는 상황에 따라 기대만큼의 효과를 발휘하지 못하거나, 가족 구성 형태에 따라 오히려 불균형한 결과를 초래하는 경우도 있다.

현재 적용되는 일괄공제는 자녀 수와 관계없이 한 번만 5억 원이 공제되며, 배우자공제 역시 법정 상속 지분을 초과하면 공제 한도가 줄어든다. 특히 사실혼이나 재혼 가정의 경우에는 아예 배우자공제를 적용받지 못하는 사례도 적지 않았다. 이러한 제도는 변화한 가족 구조를 제대로 반영하지 못한다는 비판을 꾸준히 받아 왔다.

이에 따라 정부는 상속세 과세 방식 개편과 함께 공제 제도 전반을 재검토할 계획이다. 앞으로는 상속인 각자에게 별도로 공제를 적용하는 구조로 전환되며, 기존의 일괄공제는 폐지될 예정이다. 대신 자녀나 부모처럼 직계 가족에게는 1인당 일정 금액을 공제하고, 형제자매나 친척과 같이 관계가 먼 상속인에게는 상대적으로 적은 금액을 적용하는 방안이 도입된다.

배우자공제 역시 확대되고 요건이 완화된다. 배우자가 상속받은 재산이 10억 원 이하라면 전액 공제가 가능해지고, 상속재산의 분할이 늦어지더라도 일정 조건만 충족하면 공제를 인정받을 수 있도록 개선된다. 기존처럼 기한 내 분할을 완료하지 못해 공제를 전혀 받지 못하는 불합리한 사례를 줄이겠다는 취지다.

이러한 개편의 배경은 단순하다. 맞벌이 부부, 사실혼 관계, 무자녀 가정, 재혼가족 등 다양한 형태의 가족이 늘어난 현실에서, 과거처럼 '정형화된 가족'을 전제로 한 공제 방식은 더 이상 합리적이지 않다는 판단이다. 누구에게 얼마를 공제해야 하는지를 더 유연하고 공정하게 반영할 수 있는 제도 변화가 필요하다는 목소리가 커진 것이다.

개편의 핵심은 상속인이 실제로 얼마를 상속받았는지를 기준으로 공제를 설정하고, 각자의 상황에 따라 세금을 산출하는 것이다. 제도가 시행되면 계산 과정은 다소 복잡해질 수 있지만, 그만큼 더 공평하게 세 부담을 나눌 수 있게 된다. 특히 배우자나 자녀가 상속을 받을 때는 재산 분할 방식과 공제 적용에 따라 상속세 규모가 크게 달라질 수 있으므로, 앞으로는 가족 구성과 자산 구조를 고려한 사전

설계가 더욱 중요해질 전망이다.

공익법인 활용 관련 제도 정비

공익법인은 장학사업이나 복지사업처럼 사회에 기여하는 활동을 위해 설립되는 비영리 기관이다. 일정 자산가들이 자신의 재산 일부를 이러한 공익법인에 기부할 경우 상속세 면제 혜택을 받을 수 있도록 한 제도는 본래 긍정적인 취지에서 출발했다. 그러나 일부에서는 이 제도를 세금을 줄이기 위한 수단으로 활용하는 사례가 나타났다.

 대표적인 방식은 자녀에게 직접 상속하지 않고 본인이 설립한 공익재단에 주식을 출연한 뒤, 그 재단을 통해 회사의 경영권을 계속 유지하는 형태다. 겉으로는 사회에 재산을 기부한 것처럼 보이지만, 실제로는 상속세를 회피하면서 가업을 가족에게 물려주는 구조로 작동하는 경우다. 정부는 이러한 행위가 제도의 본래 목적에서 벗어난 것으로 판단하고 규제 강화를 추진했다.

 이에 따라 2025년 세법 개정안에서는 공익법인을 통한 상속세 면제 요건이 대폭 강화됐다. 단순히 재산을 공익법인에 이전했다는 이

유만으로는 더 이상 상속세 면제가 인정되지 않으며, 해당 법인이 진정으로 공익적 목적을 위해 운영되는지와 가족의 개입 여부를 엄격히 심사하도록 규정이 바뀌었다.

특히 공익법인이 주식을 출연받는 경우에는 의결권을 행사하지 않도록 정관에 명시해야 하며, 자산 운용 내역 역시 공익적 목적에 맞게 투명하게 공개해야 한다. 가족이 이사회 대부분을 차지하거나, 기부된 재산이 다시 가족 기업으로 되돌아가는 구조라면 세제 혜택은 적용되지 않는다. 과거 흔히 활용되던 '가족재단' 방식은 더 이상 유리하지 않게 된 것이다.

또한, 개정안은 공익법인이 출연받은 자산이 일정 금액을 초과하면 그 초과분에 대해서는 상속세를 과세할 수 있도록 규정했다. 이로 인해 공익법인을 통한 과도한 절세 전략은 앞으로 사실상 불가능해진다. 이제는 공익법인을 통한 재산 이전이 진정으로 사회에 기여하는 경우에 한해서만 세금 혜택을 받을 수 있는 구조로 전환되고 있다.

정부는 이러한 변화가 공익법인의 신뢰도를 높이고 상속세 제도의 형평성을 지키는 데 기여할 것으로 기대하고 있다. 앞으로 공익법인을 활용해 상속 설계를 준비하는 납세자라면, 단순히 세금 절감

목적이 아니라 실질적인 공익적 가치 실현을 기반으로 한 구조를 마련해야 한다. 그렇지 않으면 세제 혜택은커녕 상속세 과세 대상이 될 위험이 있다.

가업상속 요건 완화와 기업승계 활성화

우리나라에는 부모 세대가 운영해 온 회사를 자녀가 이어받을 때, 일정 요건을 충족하면 상속세 부담을 크게 줄일 수 있는 제도가 마련되어 있다. 이를 '가업상속공제'라고 부르며, 정부는 이를 통해 기업의 안정적인 세대 간 승계를 유도하고 고용 유지에 기여하는 효과를 기대해 왔다.

그러나 현실에서 이 제도를 실제로 적용하기란 그리 간단하지 않았다. 과거에는 공제를 받기 위해 피상속인이 오랫동안 회사를 운영해야 하고, 상속인이 사전 근무와 대표이사 취임을 완료한 상태여야 하며, 이후에도 일정 기간 동안 고용을 그대로 유지해야 하는 등 복잡한 조건들이 존재했다. 이러한 요건들로 인해 가업상속공제를 신청한 기업은 많지 않았고, 제도 자체의 실효성에도 의문이 제기되어 왔다.

이와 같은 비현실적인 기준을 개선하기 위해 정부는 2025년부터 관련 제도의 요건을 완화하기로 했다. 상속인이 회사에서 근무해야 하는 최소 기간은 10년에서 5년으로 줄어들었고, 고용 인원 유지 기준도 100%에서 80%로 낮아지면서 기업의 부담이 다소 경감되었다. 아울러 대표이사 취임 요건에 있어서도 시기 조정이 가능하도록 유연성이 확대되어, 실제 승계를 준비할 수 있는 시간적 여유도 확보되었다.

더불어 상속세 체계가 기존의 유산 전체에 과세하는 방식에서, 상속인별로 받은 재산을 기준으로 세금을 계산하는 '유산취득세' 체계로 바뀌게 되면, 가업상속공제의 적용 방식도 함께 변화될 예정이다. 기업을 상속받은 당사자에게만 공제 혜택이 주어지는 방식으로 전환되어, 실질적으로 사업을 이어가는 사람이 누구인가가 훨씬 중요해질 전망이다.

정부는 이러한 제도 개선의 배경으로, 가업승계는 단지 한 가문의 자산 이전이 아니라, 고용 유지와 산업의 연속성을 도모하는 사회적 기능을 수행한다는 점을 강조하고 있다. 이에 따라 사후에 업종이 다소 바뀌거나 고용 규모가 조정되는 경우에도, 일정 범위 안에서 제재 없이 공제를 유지할 수 있도록 하는 등 실무적인 제도 정비도 이루어지고 있다.

　결론적으로 기업을 다음 세대로 이전하려는 계획이 있다면, 단순히 공제 금액이나 세금 절감 효과에만 초점을 둘 것이 아니라, 상속인의 경영 참여 시점, 대표이사 선임 일정, 근로자 수 유지 가능성 등을 종합적으로 고려해 미리 준비하는 것이 필수적이다. 제도는 점차 개선되고 있지만, 이를 효과적으로 활용하기 위해서는 사전 설계와 실행력 있는 준비가 뒤따라야 한다.

해외 사례를 통한 제도 비교 및 시사점

상속세 제도는 국가마다 각기 다른 방식으로 운영되고 있다. 우리나라는 지금까지 '유산세' 방식을 유지해 왔다. 미국과 영국, 덴마크 등 우리나라처럼 여전히 유산세 방식을 유지하고 있는 국가들도 존재한다. 반면, 일본이나 독일, 프랑스와 같은 여러 국가는 상속세를 부과하는 기준을 달리 설정하고 있다. 이들 국가는 '유산취득세' 방식을 채택하고 있다.

유산세 방식은 제도적 구조가 비교적 단순하고 세금 예측이 용이하다는 장점이 있으나, 상속인 간의 실질적인 수령액과 무관하게 동일한 세율이 적용되는 경우가 많아 공평성에 대한 문제 제기가 반복적으로 이루어지고 있다. 특히 우리나라처럼 상속세율이 최고 50%에 이르는 고세율 구조를 유지하고 있는 나라에서는, 유산세 방식이 과도한 세부담을 유발한다는 비판이 강하게 제기되고 있다.

이러한 배경 속에서 국제기구들도 관련 논의를 이어가고 있다. 경제협력개발기구(OECD)와 국제통화기금(IMF) 등은 상속세의 과세기준을 상속인의 실질적 부담에 맞춰 조정하는 것이 바람직하다고 권고하며, 유산취득세 방식을 긍정적으로 평가하고 있다. 상속인 개인별로 세금을 계산하는 방식이 조세 형평성과 과세의 합리성을 더 잘 반영한다는 입장이다.

한편, 상속세 자체가 존재하지 않는 국가들도 있다. 캐나다, 호주, 뉴질랜드 등은 상속세 제도를 폐지한 대신, 사망 시점을 기준으로 피상속인의 자산을 양도한 것으로 간주하여 자본이득세(양도차익세)를 부과하는 구조를 운용 중이다. 이 경우에도 재정에 대한 기여는 여전히 이루어지지만, 세금을 부과하는 방식이 다를 뿐이다. 이는 사망에 따른 자산 이전을 일종의 거래로 간주하는 접근이며, 조세 회피를 방지하면서도 제도의 간명성을 추구하는 시도로 볼 수 있다.

상기에서 살펴본 바와 같이 상속세 제도의 구조는 각국의 경제 사정, 조세 철학, 사회 구조, 가족 문화 등에 따라 다르게 설계되고 있으며, 어느 방식이 더 우월하다고 단정 짓기는 어렵다. 중요한 것은 국민들이 제도의 원리를 이해하고 납득할 수 있으며, 실제 세금 부담이 과도하지 않다고 느끼는 것이다. 조세는 단순히 국가 재정을 위한 수단이 아니라, 사회적 신뢰를 바탕으로 한 제도이기 때문이다.

우리나라 역시 이러한 흐름에 발맞춰 2028년부터 상속세 체계를 유산세 방식에서 유산취득세 방식으로 전환할 계획이다. 이번 개편은 단순한 과세 구조의 변경을 넘어, 납세자가 더 쉽게 이해하고 예측할 수 있는 상속세 체계를 만드는 데 의미가 있다. 상속을 둘러싼 가족 간 갈등을 줄이고, 세금에 대한 불만과 불신을 해소하는 계기가 되기를 기대해본다.

조세 형평성과 부의 재분배

상속세는 단순히 세금을 걷는 제도에 머물지 않는다. 본래의 목적은 한정된 부가 특정 계층에만 집중되는 것을 막고, 세대를 넘어 자산이 대물림되면서 생기는 사회적 불평등을 완화하는 데 있다. 많은 나라에서는 상속세를 "모두가 공정한 출발선에서 출발하도록 돕는 제도"라고 설명한다. 그러나 현실에서는 상속세가 과연 이 같은 기능을 제대로 수행하고 있는지에 대한 비판과 회의가 점차 커지고 있다.

무엇보다 상속세는 회피 수단이 많다는 점에서 논란이 크다. 자산이 많은 고소득층은 생전에 계획적으로 증여를 분산하거나, 자녀 명의로 법인을 설립해 지분을 분산하는 등 다양한 방식으로 상속세 부담을 줄이고 있다. 반면 일반적인 납세자들은 법률적·재정적 수단이 부족하여 이러한 전략을 활용하기 어렵다. 이로 인해 "부자는 빠져나가고 중산층만 세금을 낸다"는 불만이 생겨나는 것이다.

또한, 상속세가 기대했던 재분배 기능을 제대로 수행하지 못한다는 점도 지적되고 있다. 세율은 매우 높은 편이지만, 각종 공제제도와 다양한 회피 전략이 작동하면서 실제로 상속세를 내는 사람은 전체 상속인 중 소수에 불과하다. 이처럼 제도 설계와 현실 사이의 괴리가 커질수록 상속세는 갈등 해소의 수단이 아니라 불신과 반발을 유발하는 요인이 되기 쉽다. 특히 중산층의 경우 상속세가 체감되는 세금으로 작용한다.

이처럼 상속세에 대한 불만은 단순히 세율의 높고 낮음에만 있는 것이 아니다. 과세 기준의 공정성, 제도의 투명성, 납세자의 이해 가능성 등 종합적인 문제들이 얽혀 있다. 정부가 추진 중인 유산취득세 방식은 이러한 문제를 해결하기 위한 시도라 할 수 있다.

 물론 새로운 제도가 자리를 잡기까지는 시간이 필요하다. 그러나 제도 변화의 방향은 분명하다. 이제는 "상속을 많이 받은 사람은 더 많은 세금을 부담하고, 적게 받은 사람은 그에 맞는 세금을 내는" 구조로 가야 한다는 데 사회적 공감대가 형성되고 있다. 이것이야말로 상속세가 본래 의도했던 사회적 형평성과 과세의 정의를 실현하는 길이라 할 수 있다.

전문가 전망 및 납세자 준비 전략

상속세는 다른 세목에 비해 유난히 납세자의 관심이 집중되는 세금이다. 세율이 높을 뿐 아니라 제도가 자주 바뀌기 때문에, 자산이 일정 수준 이상인 이들에게는 실질적 부담으로 다가오기 때문이다. 특히 최근 정부가 상속세 제도를 '유산취득세 방식'으로 전환하겠다고 밝히면서, 앞으로 어떻게 준비해야 할지에 대한 관심도 더욱 높아지고 있다.

세무 전문가들은 한목소리로 강조한다. "제도가 아무리 바뀌어도, 준비된 자는 유리하고, 무대응으로 방치한 자는 불리하다." 즉 상속세는 돌아가신 이후의 문제가 아니라, 생전에 얼마만큼 체계적으로 대비했는지에 따라 결과가 달라지는 세금이라는 것이다.

따라서 상속세에 대한 부담을 줄이고, 제도 변화에 효과적으로 대응하기 위해서는 사전에 여러 요소를 꼼꼼히 점검하고 준비할 필요가 있다.

우선, 재산의 구성을 살펴보아야 한다. 전체 상속재산 중 부동산이나 비상장주식처럼 유동성이 낮은 자산이 많다면, 상속세를 현금으로 납부하는 데 어려움이 생길 수 있다. 실제로 자산은 충분하지만 현금이 부족해 납세에 곤란을 겪는 사례는 적지 않다. 따라서 일정 부분은 현금, 예금, 보험 등 유동성 있는 자산으로 마련해 두는 것이 바람직하다.

다음으로는 공제 가능성을 사전에 검토해야 한다. 상속인이 누구인지에 따라 공제 항목과 금액이 달라지기 때문에, 배우자나 자녀 등에게 적용 가능한 공제를 최대한 활용할 수 있도록 상속 순서와 지분 비율을 조정하는 전략이 필요하다. 동일한 상속재산이라도 분할 방식에 따라 세액 차이가 크게 발생할 수 있다.

 사전 증여의 활용 여부도 중요한 판단 요소다. 자녀에게 생전에 재산을 증여하면 상속 시 과세 재산을 줄일 수 있지만, 증여 시점과 금액에 따라 상속세 과세가액에 포함될 수 있다. 「상증법」은 사망 전 일정 기간(통상 10년 또는 5년) 이내의 증여 재산을 다시 상속세 계산에 포함시키기 때문에, 증여 계획은 시기와 대상, 금액을 신중히 설계해야 한다.

 마지막으로, 상속세 납부 계획 역시 사전에 수립해두는 것이 좋다. 상속세는 원칙적으로 상속 개시일로부터 6개월 이내에 신고와 함께 납부해야 하며, 세액이 고액일 경우 단기간에 자금 마련이 어려울 수 있다. 이를 대비해 일정 요건을 갖추면 연부연납 제도를 활용할 수 있으므로, 미리 해당 요건을 점검하고 필요한 경우 담보 제공이나 납세담보보험 가입 등 사전 준비를 해 두는 것이 필요하다.

 특히 유산취득세 체계에서는 상속인 각자가 세금을 직접 신고하고 납부해야 하며, 공제나 분할 납부 여부도 각자에게 적용되기 때문에, 가족 간 협의와 설계가 더 중요해진다. 자칫하면 형제 간 이해관계 충돌로 인해 상속 절차가 지연되거나, 납세에 혼선이 발생할 수 있기 때문이다.

　상속은 단순히 '세금 문제'에 그치지 않는다. 가족 간 감정, 생전 증여의 형평성, 유류분 분쟁, 경영권 승계 등 다양한 요소가 얽혀 있다. 제도가 아무리 공정하게 바뀌어도, 납세자 입장에서 실질적인 혜택을 보기 위해서는 맞춤형 상속 설계와 세무 전략이 필요하다.

　결국 상속세는 "제도를 아는 것보다, 제도를 활용할 수 있는 준비가 되어 있느냐"가 핵심이다. 사전에 전문가의 조력을 받아 상속 재산의 구성, 공제 활용 방안, 납부 전략, 분할 방식 등을 설계해 두면, 예상치 못한 세금 부담과 가족 간 갈등을 줄이고 보다 안정적인 자산 이전이 가능해진다.

INHERITANCE FAVORS THE PREPARED

상속은
준비된 사람에게
유리합니다

초판 1쇄 발행 2025년 11월 28일

지은이	최창기
펴낸이	이기봉
편집	좋은땅 편집팀
펴낸곳	도서출판 좋은땅
출판등록	제2011-000082호
주소	서울특별시 마포구 양화로12길 26 지월드 빌딩 (서교동 395-7)
전화	02)374-8616~7
팩스	02)374-8614
이메일	so20s@naver.com
홈페이지	www.g-world.co.kr

ISBN 979-11-388-4979-1 (03320)

- 가격은 뒤표지에 있습니다.
- 이 책은 저작권법에 의하여 보호를 받는 저작물이므로 무단 전재와 복제를 금합니다.
- 파본은 구입하신 서점에서 교환해 드립니다.